Misión Dada, Misión Cumplida

Estrategias de Fuerzas
Especiales para Formar
Equipos de Alto
Rendimiento en la Gestión
Corporativa.

Paulo Ehms

MMXXIII

Para solicitudes de permisos e feedback comuníquese

ehmsbooks@yahoo.com

Tabla de Contenidos

Introducción

Misión Dada, Misión Cumplida

Estrategias de Fuerzas Especiales para Formar Equipos de Alto Rendimiento en la Gestión Corporativa.

En un mundo donde la competitividad es la norma y el éxito se define por la capacidad de adaptación, hay una búsqueda incesante de métodos que eleven a los equipos a la excelencia. Este libro propone una abordaje única, donde las estrategias de élite de las fuerzas especiales se encuentran con los pasillos corporativos, formando una alianza inigualable de liderazgo y eficácia.

Imagina una misión donde la excelencia es la única opción, donde cada miembro del equipo es una pieza vital en un rompecabezas complejo. En las fuerzas especiales, la misión dada es la misión cumplida, y cada operación es una danza coreografiada de habilidad, resiliencia y comunicación precisa.

Ahora, traslademos este escenario al mundo de los negocios. Aquí, los equipos son las unidades operativas, los gerentes son los comandantes, y cada desafío es una misión por cumplir. En "Misión Dada, Misión Cumplida", exploraremos cómo los principios de las fuerzas especiales se convierten en herramientas esenciales para forjar equipos que no solo cumplen, sino que superan las expectativas.

A lo largo de estas páginas, nos sumergiremos en la esencia del liderazgo efectivo, en la comunicación que trasciende barreras y en la resiliencia que transforma desafíos en oportunidades. Cada capítulo es una misión, cada lección un logro, y la misión es clara: formar equipos de alto rendimiento que serán los mejores de los mejores.

¿Preparado para embarcarte en esta jornada donde el campo de batalla es la oficina y la victoria se mide por el éxito duradero? Comencemos esta misión juntos.

Capítulo 1

"Raíces Legendarias: De las Tropas Míticas a los Héroes Contemporáneos"

En busca de los Orígenes

En los recovecos más profundos de la historia, donde los mitos bailan con la realidad, encontramos las raíces legendarias que dieron origen a las fuerzas especiales modernas. Este capítulo nos invita a un viaje a través de los siglos, explorando las leyendas de los Mirmidones de la Antigua Grecia y los Pretorianos del Imperio Romano, donde el coraje se mezcla con la disciplina, y la furia indomable encuentra la lealtad inquebrantable.

Los Primeros Pasos: Emergencia y Necesidad de las Tropas Especiales Antes de ser registradas en pergaminos y manuscritos, las semillas de las fuerzas especiales fueron sembradas en los campos de batalla primordiales. En los albores de los conflictos, surgieron desafíos únicos que exigían respuestas innovadoras. La necesidad, madre de la invención, generó la creación de las primeras unidades especializadas.

Los Albores de la Guerra: Desafíos Únicos Requieren Respuestas Especiales En el escenario caótico de las primeras guerras, con terrenos impredecibles y tácticas poco convencionales, la demanda de una respuesta más eficiente creció. Las batallas no eran solo entre ejércitos, sino entre la adaptabilidad y la rigidez. En este contexto, las primeras tropas especiales surgieron para enfrentar enemigos y desafíos que escapaban a las estrategias tradicionales.

Innovación y Adaptabilidad: Las Primeras Semillas de las Fuerzas Especiales La respuesta a la necesidad emergente fue la innovación militar. Las primeras unidades especiales estaban compuestas por guerreros hábiles y adaptables, elegidos no solo por su fuerza bruta, sino por su capacidad para pensar más allá de las líneas convencionales. Sus tácticas se moldeaban por la flexibilidad, permitiendo respuestas rápidas y eficaces a escenarios desafiantes.

El Llamado de los Mirmidones: Disciplina en la Guerra de Troya A medida que el polvo de los albores de la guerra se asentaba, emergía un grupo de guerreros que personificaba la disciplina y la determinación inquebrantable: los Mirmidones. Comandados por Aquiles, cuyo nombre era sinónimo de invencibilidad, los Mirmidones eran una fuerza única en la Guerra de Troya.

Aquiles y la Disciplina Inquebrantable Aquiles, el líder intrépido de los Mirmidones, se destacaba no solo por su habilidad en combate, sino por la disciplina que infundía en su tropa. Cada Mirmidón estaba entrenado para seguir órdenes con precisión militar, sin vacilación. La disciplina de los Mirmidones no era solo una formalidad; era la columna vertebral que sustentaba la eficacia y cohesión de la unidad.

Disciplina Más Allá de la Mortalidad La disciplina de los Mirmidones trascendió los límites de la mortalidad. En medio del caos de la guerra, Aquiles exigía la perfección de sus guerreros, creando una unidad cohesionada y resiliente que enfrentaba desafíos que parecían insuperables. Los Mirmidones personificaban no solo la fuerza física, sino la capacidad de mantener la compostura y la eficiencia bajo las condiciones más extremas.

Al explorar los campos de batalla de la Guerra de Troya, exploramos el llamado de los Mirmidones, revelando cómo la disciplina se convirtió en el fundamento de una leyenda que resonaría a través de los siglos. Embarquemos juntos en esta jornada, donde la guerra se convierte en un escenario para forjar guerreros excepcionales.

La Vanguardia Romana

Pretorianos como Guardianes del Emperador
Mientras que los Mirmidones dejaban su huella en las arenas de la Antigüedad, en las entrañas del Imperio Romano surgía una fuerza cuya lealtad inquebrantable se volvería legendaria: los Pretorianos. Designados como la guardia de élite del emperador, no solo enfrentaban amenazas externas, sino que también desempeñaban un papel vital en el mantenimiento de la estabilidad y seguridad interna del imperio.

Selección Rigurosa y Entrenamiento Exhaustivo Los Pretorianos no eran simples soldados; eran elegidos entre los mejores de las legiones romanas. Bajo un proceso de selección riguroso, solo los más hábiles y leales eran admitidos. Su entrenamiento no conocía límites, abarcando estrategias militares avanzadas, técnicas de combate cuerpo a cuerpo y tácticas de defensa personal. Se convertían en maestros en el arte de la guerra y la protección personal.

Guardianes Inquebrantables del Poder Imperial La misión fundamental de los Pretorianos era clara: garantizar la seguridad directa del emperador y su familia. Además de su imponente presencia en ceremonias y eventos oficiales, eran la última línea de defensa contra amenazas internas. Su lealtad, a menudo jurada en juramentos solemnes, era un compromiso inquebrantable con la persona del emperador y la estabilidad del imperio.

El Emperador como Foco Central Los Pretorianos, a diferencia de las legiones regulares, no eran solo una fuerza militar. Eran una institución que personificaba la conexión directa entre el emperador y su poder. La confianza depositada en ellos era evidente, y su presencia constante era un recordatorio visual del vínculo inseparable entre el líder supremo y su guardia personal.

Impacto Duradero en la Historia Militar El legado de los Pretorianos trascendió las fronteras del Imperio Romano. Su estructura organizativa y la idea de una guardia de élite destinada a la protección directa del líder fueron adoptadas y adaptadas por muchas sociedades a lo largo de los siglos. La influencia de los Pretorianos se extendió más allá de las fronteras del imperio, dejando una marca indeleble en la concepción moderna de fuerzas especiales y unidades de élite.

Al explorar la historia de los Pretorianos, vislumbramos no solo una guardia imperial, sino una fuerza que moldeó la narrativa de la lealtad, la disciplina y el papel crucial de las fuerzas especiales en el mantenimiento del poder y la estabilidad. Continuemos nuestra jornada, donde los Pretorianos se convierten en guardianes de un legado que trasciende los confines de la Roma Antigua.

En Busca de los Orígenes Al explorar las páginas de la historia, desde los albores de las fuerzas especiales hasta las leyendas de los Mirmidones y Pretorianos, nos sumergimos en un legado inmortal de coraje, disciplina y lealtad. El viaje nos llevó por campos de batalla y palacios imperiales, revelando cómo las raíces de estas fuerzas especiales impregnan la esencia de la guerra y el liderazgo.

Lecciones Entrelazadas en la Tela del Tiempo En los albores, la necesidad de enfrentar desafíos únicos generó las primeras semillas de las tropas especiales. La adaptación e innovación moldearon guerreros excepcionales capaces de trascender las limitaciones del conflicto convencional. Los Mirmidones personificaron la disciplina inquebrantable, mientras que los Pretorianos se convirtieron en los guardianes supremos del poder imperial.

Disciplina, Lealtad y Resiliencia Los Mirmidones, liderados por Aquiles, se destacaron no solo por la fuerza física, sino por la disciplina que sustentaba su eficacia. La lealtad de los Pretorianos, a su vez, superaba los límites, estableciendo una conexión directa entre la protección del emperador y la estabilidad del imperio. En ambos casos, la disciplina y la lealtad eran los pilares que sustentaban las fuerzas especiales.

Impacto Duradero en la Historia Militar El legado dejado por estas tropas míticas trascendió las eras, influyendo en la concepción moderna de las fuerzas especiales. Las lecciones aprendidas en las antiguas batallas de Troya y en los palacios romanos resuenan en los pasillos de los campos de entrenamiento modernos. La disciplina, la lealtad y la capacidad para enfrentar desafíos extraordinarios permanecen como valores atemporales en las fuerzas especiales contemporáneas.

Explorando el Vínculo entre el Pasado y el Futuro
Al concluir este capítulo, miramos no solo hacia atrás, sino hacia el puente que conecta el pasado con el futuro. Las lecciones de estas tropas míticas son faros que iluminan el camino hacia equipos de alto rendimiento en la gestión contemporánea. Embarquemos, entonces, en esta jornada en busca del vínculo entre las eras, donde las tradiciones antiguas se entrelazan con los desafíos y oportunidades del mundo moderno.

Capítulo 2

"Forjando la Élite: Lecciones de los Maestros de la Guerra"

Las Escuelas de la Élite

Mientras nos adentramos en el segundo capítulo de nuestra jornada, somos llevados a los pasillos de las escuelas de élite militar. Aquí, no solo se moldean guerreros excepcionales, sino que también se forjan las lecciones que impregnan a las fuerzas especiales contemporáneas. Vamos a explorar los entresijos de las academias militares y campos de entrenamiento que dieron origen a algunas de las unidades más formidables de la historia.

La Rigidez del SAS:

Forjando la Vanguardia Británica Desde el Desierto del Norte de África hasta las Montañas de Afganistán El SAS (Servicio Aéreo Especial) del Reino Unido emerge como una fuerza de élite conocida por su adaptabilidad a cualquier entorno. Fundado durante la Segunda Guerra Mundial, el SAS desempeñó un papel crucial en operaciones en el desierto del norte de África, llevando a cabo incursiones detrás de las líneas enemigas. La versatilidad de sus operaciones es evidente en su riguroso entrenamiento, que incluye técnicas de supervivencia, navegación y habilidades de combate especializado en diferentes contextos geográficos. Los aspirantes del SAS pasan por una exigente selección conocida como "Prueba de Selección SAS" o "Fan Dance". Esta prueba rigurosa, realizada en las montañas de Brecon Beacons, desafía a los aspirantes en términos de resistencia física, mental y habilidades de navegación en terreno accidentado.

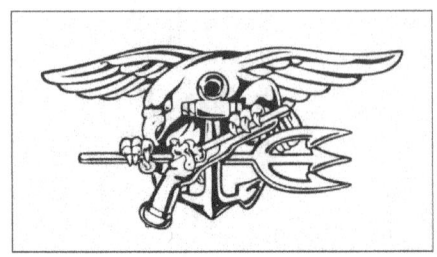

El Arte de la Supervivencia de los Navy SEALs:

Del Agua a la Tierra Operaciones Anfibias y Más Allá Los Navy SEALs de los Estados Unidos son conocidos por su habilidad para transitar fluidamente entre ambientes acuáticos y terrestres. Su entrenamiento es extenso y diversificado, incluyendo operaciones anfibias, buceo de combate, navegación terrestre y entrenamiento de supervivencia en condiciones adversas. Los candidatos a SEAL pasan por el temido y desafiante Entrenamiento BUD/S (Demolición Subacuática Básica/SEAL), que es uno de los entrenamientos militares más difíciles del mundo. Durante el BUD/S, los aspirantes son sometidos a pruebas de resistencia física, habilidades de buceo, navegación en aguas abiertas y operaciones especiales en diferentes entornos.

Spetsnaz: La Ferocidad de la Élite Rusa

Desde el Entrenamiento en Áreas Urbanas hasta las Fronteras Heladas Las fuerzas especiales rusas, conocidas como Spetsnaz, son notables por su enfoque integral que incluye operaciones urbanas, entrenamiento de supervivencia en climas extremos y habilidades de infiltración. Originarias de la Guerra Fría, las Spetsnaz son una respuesta rusa a las unidades de élite occidentales. El entrenamiento de las Spetsnaz es intensivo y diversificado. Se les entrena en combate cuerpo a cuerpo, técnicas de supervivencia, operaciones de emboscada y métodos de infiltración. Además, están preparados para operar en entornos urbanos complejos, lo que los convierte en una fuerza altamente versátil.

Lecciones Forjadas en el Calor de la Batalla

Al explorar los diversos enfoques de las fuerzas especiales en todo el mundo, nos damos cuenta de que, aunque las tácticas y los entornos varíen, hay una constante: la necesidad de versatilidad, resiliencia y un compromiso inquebrantable con la excelencia. El entrenamiento de estas unidades de élite no solo forja guerreros excepcionales, sino que también modela las lecciones cruciales que se explorarán en nuestro camino hacia la formación de equipos de alto rendimiento. En la siguiente etapa, nos sumergiremos en los elementos clave del entrenamiento de estas unidades y descubriremos cómo estas lecciones pueden aplicarse en contextos de gestión contemporánea.

Capítulo 3

"Elementos Clave del Entrenamiento: Forjando la Coherencia y la Resiliencia"

Introducción: El Núcleo del Entrenamiento A medida que avanzamos en nuestra jornada, ingresamos al núcleo del entrenamiento de las fuerzas especiales. Este capítulo nos guía a través de los elementos clave que forjan no solo guerreros hábiles, sino también equipos cohesivos y resistentes. Desde la coherencia en las operaciones hasta el desarrollo de la resiliencia frente a la adversidad, exploraremos cómo estos elementos moldean el carácter de las fuerzas especiales y, por extensión, cómo se pueden aplicar en contextos de gestión contemporánea.

Coherencia de Equipo: El Enlace Indestructible

Lazos que No se Rompen

La coherencia del equipo es más que simplemente trabajar juntos; es la construcción de lazos indestructibles entre los miembros. En una situación práctica, imaginemos a un equipo de operaciones especiales llevando a cabo una misión de rescate en un entorno urbano. Cada miembro tiene una función específica, desde el líder que coordina la acción hasta el especialista en comunicaciones que mantiene la conectividad esencial. El éxito de la misión depende de la confianza inquebrantable que cada miembro deposita en los demás, reflejando la coherencia forjada en el entrenamiento.

Ejercicios de Cooperación

Durante estos ejercicios, los miembros del equipo pueden enfrentarse a desafíos simulados, como el rescate en edificios abandonados o la evacuación de áreas hostiles. Cada movimiento está coreografiado para fomentar la cooperación y la confianza. Estas situaciones prácticas, a menudo basadas en experiencias reales, permiten que el equipo desarrolle una comprensión profunda de las capacidades individuales, fortaleciendo los lazos que forman la columna vertebral de la coherencia.

Desarrollo de la Resiliencia: Enfrentando la Adversidad con Firmeza

Preparación para lo Inesperado

La resiliencia se pone a prueba y se cultiva en situaciones simuladas que replican los extremos de la guerra y las misiones especiales. En un escenario hipotético, imagina a un equipo de fuerzas especiales enfrentando un contraataque sorpresa mientras realiza una operación de reconocimiento. La incertidumbre, el estrés y la intensa presión simulan las condiciones de la realidad, desafiando a los miembros a mantener el enfoque y la eficacia operativa.

Simulaciones de Crisis

Las simulaciones de crisis son vitales para desarrollar la resiliencia. Los miembros del equipo pueden ser sometidos a escenarios complejos, como una evacuación de emergencia bajo fuego enemigo o una misión de infiltración en terreno desconocido. Estas simulaciones no solo prueban las habilidades técnicas, sino también la capacidad de tomar decisiones rápidas y eficientes bajo presión, construyendo la resiliencia necesaria para enfrentar situaciones inesperadas.

Liderazgo Adaptativo: Guiando en Medio de la Complejidad

El Rol del Líder en la Coherencia y la Resiliencia

El liderazgo adaptativo se ejemplifica en situaciones prácticas donde el equipo se enfrenta a desafíos inesperados. Por ejemplo, imagina a un líder de equipo de operaciones especiales enfrentando una falla inesperada en las comunicaciones durante una misión. La capacidad de este líder para adaptarse, reorganizar la estrategia y mantener al equipo enfocado es esencial para el éxito de la misión.

Ejercicios de Liderazgo en Condiciones Extremas

Ejercicios específicos desafían a los líderes a guiar en condiciones extremas. Esto puede incluir simulaciones de misiones complejas, como rescates en entornos hostiles o evacuaciones de áreas de combate. La adaptabilidad del líder se prueba constantemente y se perfecciona en estas situaciones, preparándolos para liderar de manera efectiva en cualquier escenario.

La Sinfonía de la Coherencia y la Resiliencia

Al final de este capítulo, nos damos cuenta de que la coherencia y la resiliencia no son solo aspectos del entrenamiento de las fuerzas especiales, sino más bien una sinfonía intrincada que resuena en cada misión. La capacidad de trabajar en conjunto, la firmeza ante la adversidad y el liderazgo adaptativo son elementos clave que no solo forjan guerreros, sino que también dan forma a equipos capaces de superar los desafíos más formidables. En la siguiente etapa, aplicaremos estas lecciones en el contexto de la gestión contemporánea, explorando cómo estos elementos pueden incorporarse para formar equipos de alto rendimiento en entornos corporativos.

Capítulo 4

"Contextualización: Importancia en la Gestión Contemporánea"

El Papel Crucial de los Equipos de Alto Rendimiento

En este capítulo, ingresamos al terreno de la gestión contemporánea, donde la dinámica de las organizaciones está en constante evolución. Exploraremos por qué los equipos de alto rendimiento se han vuelto una necesidad apremiante, destacando su influencia en la innovación, la eficacia organizativa y en la habilidad de enfrentar los desafíos fluidos del mundo corporativo moderno.

La Era de la Velocidad y Complejidad Corporativa

Desafíos que Exigen Respuestas Ágiles

En la gestión contemporánea, las empresas enfrentan desafíos cada vez más dinámicos y complejos. Los cambios rápidos en los mercados, avances tecnológicos acelerados y la globalización imponen una demanda constante por respuestas ágiles. Los equipos de alto rendimiento emergen como catalizadores esenciales para la agilidad y la capacidad de adaptación, permitiendo que las organizaciones naveguen eficientemente por un escenario de negocios en constante mutación.

Innovación y Creatividad: Motores de la Competitividad

La Ventaja Competitiva de la Innovación

La gestión contemporánea no solo exige respuestas rápidas, sino que también valora la innovación y la creatividad como pilares de la ventaja competitiva. Los equipos de alto rendimiento, por su naturaleza colaborativa y cohesionada, se convierten en terrenos fértiles para el florecimiento de ideas innovadoras. Al explorar la diversidad de habilidades y perspectivas, estos equipos se convierten en motores impulsores de la creatividad, crucial para mantener la competitividad en mercados saturados.

Eficiencia Organizativa y Alcance de Metas Ambiciosas

Rendimiento Sostenible a Largo Plazo

La gestión contemporánea se centra en la eficiencia operativa y en el logro de metas ambiciosas. Los equipos de alto rendimiento, por su capacidad para trabajar de manera sinérgica, tienen un impacto directo en la eficacia organizativa. No solo entregan resultados consistentes, sino que también aseguran que las metas a largo plazo se alcancen de manera sostenible, creando una base sólida para el crecimiento continuo.

Adaptación a los Cambios Organizacionales

Flexibilidad para Enfrentar Cambios

La gestión contemporánea se caracteriza por cambios organizativos frecuentes, ya sea en la estructura, cultura o en las prácticas de trabajo. Los equipos de alto rendimiento demuestran una notable flexibilidad para adaptarse a estos cambios. Su cohesión y resiliencia se convierten en activos valiosos, proporcionando una transición suave y eficaz durante períodos de transformación organizativa.

El Imperativo de los Equipos de Alto Rendimiento

A medida que nos sumergimos en las aguas de la gestión contemporánea, queda claro que los equipos de alto rendimiento no solo son deseables, sino imperativos. Su capacidad para enfrentar desafíos ágiles, impulsar la innovación, garantizar la eficiencia organizativa y adaptarse a cambios constantes asegura que sean el fundamento fundamental para el éxito de las organizaciones en la era moderna. En la próxima etapa, conectaremos estas consideraciones al entrenamiento de las fuerzas especiales, explorando cómo las lecciones aprendidas en este contexto pueden aplicarse en la formación de equipos de alto rendimiento en el entorno corporativo contemporáneo.

Capítulo 5

Desafíos en la Formación de Equipos: Superando Obstáculos hacia la Alta Eficiencia

Al adentrarnos en este capítulo, nos sumergimos en los desafíos intrínsecos a la formación de equipos altamente efectivos. Desde la gestión de la diversidad hasta superar barreras geográficas, exploraremos estrategias para enfrentar estos obstáculos y construir equipos cohesionados y productivos.

Diversidad y Colaboración: ¿Fuerza o Desafío?

Construyendo Puentes entre Diferencias

La diversidad es una fuerza impulsora, pero también puede ser un desafío. En entornos corporativos contemporáneos, los equipos a menudo están compuestos por miembros con experiencias, habilidades y perspectivas distintas. La gestión efectiva de esta diversidad es crucial para fomentar la colaboración. Las estrategias incluyen programas de concienciación, capacitación en inclusión y la creación de espacios donde la diversidad se celebre y se utilice como catalizador para la innovación.

Barreras Geográficas: Superando la Distancia Física

Conectando Mentes, a Pesar de las Millas

Los equipos distribuidos geográficamente enfrentan el desafío de la comunicación efectiva y la cohesión. Las herramientas digitales, como videoconferencias y plataformas colaborativas en línea, se han convertido en aliados cruciales para superar estas barreras. Las estrategias para la gestión de equipos virtuales incluyen establecer horarios de reuniones regulares, fomentar la transparencia en la comunicación y asegurar que todos los miembros se sientan conectados, a pesar de la distancia física.

Conflictos Interpersonales: Transformando Desafíos en Oportunidades

Construyendo Resiliencia en las Relaciones

Los conflictos interpersonales pueden surgir en cualquier equipo, pero la clave radica en la habilidad para transformar estos desafíos en oportunidades de crecimiento. Las estrategias incluyen la promoción de una cultura abierta para el diálogo, el establecimiento claro de expectativas y la implementación de procesos de resolución de conflictos. En equipos de alto rendimiento, los conflictos se perciben como oportunidades para la innovación y la mejora continua.

Cambios Organizacionales: Adaptándose a la Transformación

Flexibilidad ante los Cambios

La velocidad de los cambios organizacionales puede ser un obstáculo para la formación de equipos de alto rendimiento. Las estrategias implican la creación de estructuras flexibles que puedan adaptarse rápidamente a los cambios, proporcionar capacitación continua para capacitar a los miembros del equipo a enfrentar nuevos desafíos y comunicar de manera transparente sobre los cambios inminentes.

Transformar Desafíos en Ventajas Competitivas

Al finalizar este capítulo, nos damos cuenta de que los desafíos en la formación de equipos no son obstáculos insuperables, sino oportunidades de crecimiento y fortalecimiento. Las estrategias cuidadosamente desarrolladas no solo superan estos desafíos, sino que los transforman en ventajas competitivas. En la próxima etapa, uniremos estas reflexiones a las enseñanzas de las fuerzas especiales, explorando cómo las estrategias utilizadas por estos equipos pueden adaptarse y aplicarse para superar los desafíos comunes en la formación de equipos de alto rendimiento en el entorno corporativo contemporáneo.

Capítulo 6

"Liderazgo Efectivo: Inspiración y Motivación en las Fuerzas Especiales"

El Arte del Liderazgo

En este capítulo, nos sumergiremos en el mundo del liderazgo efectivo en las fuerzas especiales. Analizaremos cómo los líderes inspiran y motivan a sus equipos, resaltando principios transferibles para la gestión cotidiana. Desde la cohesión hasta la resiliencia, exploraremos las características que hacen de los líderes de las fuerzas especiales ejemplos notables de liderazgo eficaz.

Inspiración a través de la Acción: Líderes como Modelos a Seguir

Ejemplificación de Valores y Comportamientos

Los líderes de las fuerzas especiales a menudo lideran mediante el ejemplo. No solo articulan valores esenciales, sino que los incorporan en sus acciones diarias. Este principio puede transferirse a la gestión cotidiana, donde los líderes corporativos que demuestran integridad, resiliencia y ética de trabajo inspiran y motivan a sus equipos.

Construcción de Confianza: La Base de la Cohesión

Transparencia y Relaciones de Confianza

La confianza es el pegamento que mantiene unidos a los equipos. Los líderes de las fuerzas especiales construyen confianza a través de la transparencia, la comunicación abierta y la creación de un entorno donde los miembros del equipo se sientan seguros para expresar sus opiniones. Estos principios son igualmente aplicables en la gestión corporativa, donde la confianza es fundamental para el buen funcionamiento del equipo.

Motivación en Entornos Desafiantes

Despertando la Determinación

Los entornos desafiantes son la norma para las fuerzas especiales, y los líderes de estas unidades son hábiles para motivar a sus equipos en medio de adversidades. Este mismo principio puede aplicarse en la gestión, donde los líderes motivacionales impulsan a sus equipos a alcanzar metas ambiciosas incluso en escenarios desafiantes.

Comunicación Clara y Efectiva

Transmisión de Visión y Objetivos

Los líderes de las fuerzas especiales son maestros en la comunicación clara y efectiva. Transmiten la visión de la misión de manera inequívoca y aseguran que cada miembro del equipo comprenda su papel. En la gestión corporativa, la habilidad para comunicar objetivos de manera clara y envolvente es esencial para mantener al equipo alineado y motivado.

Principios Transferibles para el Liderazgo

Al concluir este capítulo, reconocemos que el liderazgo efectivo en las fuerzas especiales no es un fenómeno aislado, sino un conjunto de principios transferibles para la gestión cotidiana. Desde inspirar mediante el ejemplo hasta construir confianza y motivar en entornos desafiantes, los líderes de las fuerzas especiales proporcionan un modelo inspirador para líderes en todos los contextos. En la próxima etapa, conectaremos estas lecciones con el entrenamiento de equipos de alto rendimiento, explorando cómo los principios de liderazgo de las fuerzas especiales pueden integrarse en la formación de líderes corporativos.

Capítulo 7

"Comunicación Clara: Descifrando la Importancia en Entornos de Alta Presión"

El Papel Vital de la Comunicación Clara

En este capítulo, profundizaremos en la importancia de la comunicación clara en entornos de alta presión, como los encontrados en las fuerzas especiales. Exploraremos estrategias de comunicación directa y efectiva y cómo estas lecciones pueden aplicarse de manera práctica en la comunicación empresarial, donde la claridad es un pilar para el éxito.

La Necesidad de Claridad en Entornos Críticos

Reducción del Ruido en Momentos Decisivos

En entornos de alta presión, la comunicación clara es esencial para evitar malentendidos y minimizar el riesgo de errores. Los líderes de las fuerzas especiales aseguran que la información se transmita de manera directa y comprensible. En la comunicación empresarial, este enfoque es igualmente crucial, especialmente en momentos críticos, para garantizar que los mensajes se reciban y comprendan de la manera pretendida.

El Poder de la Comunicación Concisa

Transmisión de Información de Forma Eficiente

En misiones críticas, cada palabra cuenta. La comunicación en las fuerzas especiales se caracteriza por la concisión y la claridad, garantizando que la información esencial se transmita de manera eficiente. En el mundo corporativo, la habilidad de comunicar de manera concisa es una herramienta valiosa, permitiendo un intercambio de información más rápido y eficaz, especialmente en situaciones de toma de decisiones rápidas.

Adaptación del Mensaje al Público Objetivo

Entendiendo la Relevancia para Diferentes Audiencias

Los líderes de las fuerzas especiales adaptan su comunicación para satisfacer las necesidades específicas de diferentes audiencias. Este enfoque es crucial en el mundo empresarial, donde la comunicación eficaz requiere la comprensión de las características y necesidades de diversos stakeholders. Adaptar el mensaje al público objetivo es esencial para garantizar que la información sea relevante e impactante.

Transparencia y Confianza en la Comunicación

Construcción de una Base de Confianza

En entornos de alta presión, la transparencia es una piedra angular de la comunicación efectiva. Los líderes de las fuerzas especiales comparten información de manera abierta para construir confianza entre los miembros del equipo. Esta práctica es transferible al entorno empresarial, donde la comunicación transparente fortalece los lazos entre los líderes y sus equipos, creando una base sólida de confianza.

Aplicando las Lecciones de la Comunicación Clara en los Negocios

Al concluir este capítulo, comprendemos que la comunicación clara no es solo una necesidad en entornos de alta presión, sino una habilidad transferible con un impacto significativo en los negocios. La claridad en la comunicación es una herramienta poderosa para evitar malentendidos, agilizar procesos y construir confianza, elementos esenciales para el éxito en cualquier emprendimiento. En la próxima etapa, conectaremos estas prácticas de comunicación al entrenamiento de equipos de alto rendimiento, explorando cómo la claridad en la comunicación puede integrarse para fortalecer la eficacia y la cohesión del equipo.

Capítulo 8

"Resiliencia y Adaptación: Navegando por las Situaciones Imprevisibles"

La Necesidad de Resiliencia y Adaptación

En este capítulo, exploraremos cómo los equipos enfrentan situaciones imprevisibles, resaltando la importancia de la resiliencia y la adaptación. Las fuerzas especiales ofrecen un terreno fértil para aprender cómo enfrentar lo inesperado, y las lecciones extraídas se aplicarán para ilustrar la relevancia de estos principios en las organizaciones.

Resiliencia como Pilar de la Fuerza Mental

Enfrentando Desafíos sin Quebrar

En situaciones imprevisibles, la resiliencia es un pilar fundamental para mantener la estabilidad mental. Los miembros de las fuerzas especiales están entrenados para enfrentar desafíos extremos sin quebrar, manteniendo el enfoque y la eficacia operativa. Esta mentalidad resiliente es transferible a las organizaciones, donde la capacidad de superar adversidades sin perder la orientación es vital para el éxito a largo plazo.

Adaptación Continua a los Cambios

Flexibilidad ante la Incertidumbre

Las situaciones imprevisibles a menudo requieren adaptación continua. Los equipos de las fuerzas especiales son notables por su habilidad para ajustarse rápidamente a cambios en el escenario, estrategia o misión. La flexibilidad ante la incertidumbre es una lección valiosa para las organizaciones, fomentando una cultura que valora la adaptación continua como estrategia para enfrentar desafíos inesperados.

Aprendizaje Iterativo a partir de Experiencias

Creciendo con Cada Desafío

En las fuerzas especiales, cada misión es una oportunidad de aprendizaje. Los equipos revisan y mejoran sus enfoques después de cada experiencia, utilizando el aprendizaje iterativo para volverse más eficaces. En las organizaciones, la aplicación de una mentalidad de aprendizaje continuo permite que los equipos crezcan con cada desafío, transformando las experiencias adversas en oportunidades de mejora.

Construcción de Equipos de Alto Rendimiento a través de la Adversidad Fortalecimiento de los Lazos en Tiempos Difíciles

Las situaciones imprevisibles pueden poner a prueba la cohesión del equipo. Sin embargo, en las fuerzas especiales, la adversidad a menudo fortalece los lazos entre los miembros. En las organizaciones, la capacidad de construir equipos de alto rendimiento en medio de la adversidad es una ventaja estratégica, permitiendo que la cohesión del equipo se refuerce incluso ante desafíos imprevistos.

La Resiliencia y Adaptación como Estrategias a Largo Plazo

Al concluir este capítulo, reconocemos que la resiliencia y la adaptación no son solo respuestas temporales a situaciones imprevisibles, sino estrategias a largo plazo para enfrentar desafíos en constante evolución. Las lecciones aprendidas de las fuerzas especiales ofrecen perspectivas valiosas sobre cómo construir organizaciones que no solo sobreviven, sino que prosperan ante lo inesperado. En la próxima etapa, integraremos estas prácticas de resiliencia y adaptación al entrenamiento de equipos de alto rendimiento, explorando cómo estos principios pueden incorporarse para fortalecer la capacidad de los equipos para enfrentar lo inesperado.

Capítulo 9

"Entrenamiento Intenso: Forjando Habilidades Individuales y Colectivas"

La Importancia del Entrenamiento Riguroso

En este capítulo, profundizaremos en el papel del entrenamiento intensivo en la construcción de habilidades individuales y colectivas. Inspirados por el exigente entrenamiento de las fuerzas especiales, exploraremos cómo enfoques similares pueden aplicarse al desarrollo profesional continuo, tanto a nivel individual como colectivo.

Desarrollo Individual a través del Desafío Personal

Superando Límites Personales

El entrenamiento intensivo en las fuerzas especiales desafía los límites individuales, obligando a los miembros a superar obstáculos físicos y mentales. Este enfoque es transferible al desarrollo profesional, donde los desafíos personales estimulan el crecimiento individual. Al enfrentar tareas desafiantes, los profesionales pueden desarrollar habilidades específicas y fortalecer la resiliencia.

Simulaciones Realistas para la Cohesión del Equipo

Forjando Lazos Duraderos

El entrenamiento intensivo en las fuerzas especiales a menudo incluye simulaciones realistas de situaciones de combate. Estas simulaciones no solo mejoran las habilidades técnicas, sino que también fortalecen la cohesión del equipo. En las organizaciones, las simulaciones corporativas realistas pueden utilizarse para mejorar la colaboración, la comunicación y la resolución de problemas, creando equipos más cohesionados y eficaces.

Ciclos de Entrenamiento Continuo para la Actualización de Habilidades

Evolución Constante

Los miembros de las fuerzas especiales participan en ciclos de entrenamiento continuo para mantenerse actualizados y adaptados a los cambios en el entorno operativo. Este enfoque es aplicable al desarrollo profesional, donde el aprendizaje continuo y la actualización de habilidades son esenciales para mantenerse relevante en entornos corporativos dinámicos.

Mentoría y Aprendizaje Intergeneracional

Transmisión de Conocimientos

En las fuerzas especiales, la mentoría desempeña un papel crucial en la transmisión de conocimientos y experiencia. En las organizaciones, la creación de programas de mentoría promueve la transferencia de habilidades y conocimientos entre las generaciones de profesionales, contribuyendo al desarrollo continuo del equipo.

Cultivando una Cultura de Desarrollo

Continuo Al finalizar este capítulo, comprendemos que el entrenamiento intensivo no es solo un evento aislado, sino una mentalidad que impregna toda la cultura organizacional. Al aplicar enfoques similares al desarrollo profesional, cultivamos una cultura de aprendizaje continuo y evolución, preparando a individuos y equipos para enfrentar desafíos y oportunidades en constante cambio. En la próxima etapa, exploraremos cómo integrar esta cultura de desarrollo continuo al entrenamiento de equipos de alto rendimiento, asegurando que la búsqueda de la excelencia sea un viaje constante.

Capítulo 10

"Cultura de Equipo: Construyendo Fundamentos para el Alto Desempeño"

La Importancia de la Cultura de Equipo

En este capítulo, exploraremos cómo crear y mantener una cultura cohesionada que promueva confianza y colaboración, elementos esenciales para el éxito de equipos de alto desempeño. Inspirados por las dinámicas de las fuerzas especiales, analizaremos cómo estos principios pueden aplicarse en entornos corporativos para fortalecer los cimientos de un equipo.

Construcción de Confianza: La Base de la Cultura de Equipo

- **Fomentando Relaciones de Confianza**

La confianza es un pilar fundamental en equipos de alto desempeño. En las fuerzas especiales, la confianza se cultiva a través de experiencias compartidas, transparencia y apoyo mutuo. En las organizaciones, fomentar relaciones de confianza requiere liderazgo auténtico, comunicación abierta y la promoción de un ambiente donde los miembros del equipo se sientan seguros para expresar ideas y preocupaciones.

Colaboración como Catalizador de Innovación

- **Potenciando la Inteligencia Colectiva**

Equipos de alto desempeño en las fuerzas especiales valoran la colaboración como fuente de innovación. La diversidad de habilidades y perspectivas se explora para encontrar soluciones creativas. En las organizaciones, promover la colaboración significa crear espacios para compartir ideas, reconociendo la importancia de la inteligencia colectiva en la resolución de problemas complejos.

Compartir Metas y Visión Común

- **Alineación de Propósito**

En los equipos de fuerzas especiales, cada miembro comprende claramente las metas y la visión de la misión. Esto promueve una alineación de propósito, esencial para la cohesión del equipo. De manera similar, en las organizaciones, compartir metas y una visión común son cruciales para asegurar que todos los miembros trabajen en la misma dirección.

Reconocimiento y Celebración de Logros Colectivos

- **Fortaleciendo la Identidad del Equipo**

Celebrar logros colectivos fortalece la identidad del equipo. En las fuerzas especiales, el reconocimiento es una parte integral de la cultura. En las organizaciones, reconocer y celebrar logros colectivos crea un ambiente positivo, fomentando el compromiso y la dedicación de los miembros del equipo.

Sosteniendo una Cultura de Alto Desempeño

Al concluir este capítulo, comprendemos que la cultura de equipo no es solo un aspecto superficial, sino un conjunto de valores y prácticas que impregnan toda la organización. Inspirados por los principios de las fuerzas especiales, podemos dar forma a una cultura que no solo promueva el alto desempeño, sino que también cree un ambiente donde los miembros del equipo se sientan valorados y motivados. En la próxima etapa, exploraremos cómo incorporar estos elementos culturales al entrenamiento de equipos, asegurando que la cohesión y el alto desempeño estén arraigados en la identidad del equipo.

Capítulo 11

"Toma de Decisiones Rápidas: Estrategias para Ambientes de Presión"

La Importancia de la Toma de Decisiones Rápidas

En este capítulo, profundizaremos en cómo los equipos manejan decisiones cruciales en momentos críticos, explorando estrategias aplicables a la gestión de crisis empresariales. Inspirados por la agilidad de las fuerzas especiales, analizaremos cómo estas estrategias pueden incorporarse para garantizar decisiones rápidas y efectivas en entornos de presión.

Claridad de Propósito en la Toma de Decisiones

• Enfoque en la Misión En momentos críticos, la claridad de propósito es esencial para la toma de decisiones rápidas. En las fuerzas especiales, el enfoque en la misión guía las elecciones en entornos de presión. De manera similar, en las crisis empresariales, la definición clara de los objetivos permite una toma de decisiones alineada con los objetivos organizativos.

Análisis Rápido de Información Relevante

• Eficiencia en la Evaluación de Datos Los equipos de fuerzas especiales están entrenados para analizar rápidamente información relevante y tomar decisiones informadas. En las organizaciones, la habilidad de evaluar datos de manera eficiente es crucial. Estrategias como la implementación de sistemas de información ágiles y la promoción de una cultura de análisis crítico facilitan la toma de decisiones basada en información precisa.

Flexibilidad para Cambiar de Rumbo Rápidamente

• Adaptación a Escenarios en Evolución En entornos de presión, la capacidad de cambiar de rumbo rápidamente es una ventaja. Las fuerzas especiales son conocidas por su flexibilidad para adaptarse a escenarios en evolución. De manera similar, en la gestión de crisis empresariales, la flexibilidad es crucial. Estrategias ágiles y planes de contingencia bien desarrollados permiten una respuesta rápida a cambios inesperados.

Distribución de Autoridad y Responsabilidad

• Empoderamiento para Tomar Decisiones En las fuerzas especiales, la distribución de autoridad permite que los miembros del equipo tomen decisiones cruciales en sus áreas de especialización. En las organizaciones, la delegación efectiva de responsabilidades y autoridad es fundamental para la toma de decisiones rápidas. Empoderar a los miembros del equipo para actuar rápidamente en sus áreas de competencia contribuye a una respuesta ágil en situaciones críticas.

Estrategias Integradas para la Toma de Decisiones bajo Presión Al concluir este capítulo, comprendemos que la toma de decisiones rápidas es una habilidad crítica en entornos de presión, ya sea en el campo de batalla o en los negocios. Integrando estrategias inspiradas por las fuerzas especiales, las organizaciones pueden mejorar su capacidad para tomar decisiones ágiles y efectivas en momentos cruciales. En la próxima etapa, exploraremos cómo incorporar estas estrategias al entrenamiento de equipos, asegurando que la toma de decisiones bajo presión sea una competencia cultivada y mejorada continuamente.

Capítulo 12

"Entrenamiento Integrado de Equipos de Alto Desempeño"

En esta fase, avanzaremos hacia el entrenamiento integrado de equipos de alto desempeño, incorporando los principios y estrategias explorados en los capítulos anteriores. El objetivo es proporcionar una experiencia práctica que fortalezca la cohesión del equipo, desarrolle habilidades individuales y colectivas, y promueva una cultura de alto desempeño.

Simulaciones de Misiones y Ejercicios Prácticos:

•   Desarrollar simulaciones realistas que desafíen a los equipos a aplicar los principios aprendidos en situaciones prácticas.

•   Integrar ejercicios específicos para promover la comunicación clara, la toma de decisiones rápida y el trabajo colaborativo bajo presión.

Entrenamiento Focado en Habilidades Individuales y Colectivas:

•   Implementar programas de entrenamiento intensivo que se centren en el desarrollo continuo de habilidades individuales, como liderazgo, resiliencia y capacidad de adaptación.

- Incluir entrenamientos que fortalezcan las habilidades colectivas, como trabajo en equipo, colaboración y resolución de problemas en grupo.

Mentoría y Aprendizaje Intergeracional:

- Establecer programas de mentoría que faciliten la transferencia de conocimientos entre miembros más experimentados y nuevos integrantes del equipo.

- Incentivar el intercambio de experiencias y perspectivas, promoviendo un ambiente de aprendizaje continuo.

Fomento de la Cultura de Equipo:

- Realizar actividades que fortalezcan la confianza, como dinámicas de grupo y actividades de construcción de equipo.

- Promover la colaboración y el intercambio de metas a través de talleres y eventos que destaquen la importancia de una visión común.

Entrenamiento en Toma de Decisiones Bajo Presión:

- Simular situaciones de crisis empresarial para que los equipos practiquen la toma de decisiones rápidas y efectivas.

- Integrar ejercicios que enfaticen la rápida evaluación de información relevante y la flexibilidad para adaptarse a escenarios en evolución.

Evaluación Continua y Retroalimentación Constructiva:

- Implementar sistemas de evaluación continua para monitorear el progreso individual y del equipo.

- Proporcionar retroalimentación constructiva para fomentar la mejora continua y la aplicación práctica de los conceptos aprendidos.

Esta etapa no solo consolidará los conocimientos adquiridos, sino que también permitirá que el equipo desarrolle las habilidades y actitudes necesarias para enfrentar desafíos reales. Al integrar el entrenamiento de equipos de alto desempeño de manera holística, las organizaciones estarán mejor preparadas para alcanzar la excelencia operativa y destacar en entornos dinámicos.

Capítulo 13

"Aplicación Práctica en Escenarios Empresariales"

En esta fase, concentraremos nuestros esfuerzos en la aplicación práctica de los conocimientos y habilidades adquiridos en escenarios empresariales reales. El foco será la adaptación de los principios aprendidos para resolver desafíos específicos de la organización. Abordaremos:

Mapeo de Desafíos Organizacionales:

• Identificar desafíos específicos enfrentados por la organización.

• Analizar cómo las estrategias y principios aprendidos pueden aplicarse para superar estos desafíos.

Desarrollo de Planes de Acción:

• Elaborar planes de acción adaptados a los desafíos identificados.

- Integrar los conceptos de liderazgo, trabajo en equipo, toma de decisiones y resiliencia en los planes.

Implementación en Entornos de Trabajo:

- Introducir gradualmente prácticas y cambios derivados del entrenamiento en las operaciones diarias.

- Monitorear la aceptación y eficacia de las modificaciones implementadas.

Evaluación de Impacto:

- Medir el impacto de las adaptaciones y cambios en el entorno de trabajo.

- Recopilar comentarios de los colaboradores para evaluar la eficacia de las iniciativas implementadas.

Iteración y Mejora Continua:

- Identificar áreas de mejora según la evaluación de impacto.

- Iterar en los planes de acción para optimizar la aplicación práctica de los principios aprendidos.

Desarrollo de una Cultura Organizacional Duradera:

• Fomentar una cultura que valore el aprendizaje continuo, la innovación y la búsqueda de la excelencia.

• Integrar los principios de trabajo en equipo, liderazgo y resiliencia en la identidad organizacional.

Este tema tiene como objetivo garantizar que las lecciones aprendidas durante el entrenamiento se traduzcan en mejoras tangibles en los procesos y resultados de la organización. Al aplicar los conocimientos de manera adaptada y estratégica, el equipo estará preparado para enfrentar los desafíos específicos del entorno empresarial, promoviendo una cultura de alto desempeño y excelencia.

Capítulo 14

Aprendizaje Continuo y Evolución Organizativa

En esta fase, nos enfocaremos en establecer prácticas de aprendizaje continuo y fomentar la evolución constante de la organización. Este tema abordará:

Creación de Programas de Desarrollo Profesional:

• Implementar programas continuos de capacitación y desarrollo para todos los niveles de la organización.

• Incluir talleres, seminarios y cursos que aborden temas relevantes para las necesidades en evolución de la organización.

Fomento del Compartir de Conocimientos:

• Establecer plataformas y prácticas que faciliten el intercambio eficiente de conocimientos entre los miembros del equipo.

• Incentivar la creación de comunidades de práctica para el intercambio de experiencias e ideas.

Integración de Nuevas Prácticas Organizativas:

- Evaluar continuamente las tendencias del sector y las mejores prácticas.

- Integrar de manera ágil y efectiva nuevas aproximaciones y tecnologías que puedan beneficiar a la organización.

Feedback y Evaluación Continua:

- Establecer un sistema robusto de feedback que involucre a todos los miembros de la organización.

- Utilizar evaluaciones regulares para identificar áreas de mejora y oportunidades de crecimiento.

Cultura de Innovación y Experimentación:

- Promover una cultura que fomente la innovación y la experimentación.

- Incentivar a los colaboradores a buscar soluciones creativas para los desafíos organizativos.

Liderazgo Ejemplar:

- Desarrollar programas de liderazgo que capaciten a los líderes para promover una cultura de aprendizaje continuo.

• Modelar el comportamiento de aprendizaje activo, demostrando la importancia del crecimiento constante.

Adaptación a Cambios Externos:

• Monitorear continuamente el entorno externo en busca de cambios en el mercado, la tecnología y las regulaciones.

• Desarrollar estrategias ágiles para adaptarse proactivamente a estos cambios.

Este tema tiene como objetivo establecer una mentalidad de aprendizaje continuo y asegurar que la organización esté siempre adaptándose y evolucionando. Al priorizar el desarrollo profesional, la innovación y la adaptación a los cambios, la organización estará mejor posicionada para enfrentar los desafíos en constante evolución del entorno empresarial.

Capítulo 15

Medición de Resultados y Evaluación de Impacto

En esta etapa, nos centraremos en la medición de resultados y la evaluación del impacto de las iniciativas implementadas. Esto garantizará que la organización tenga una comprensión clara de cómo los cambios han afectado sus objetivos y dónde es posible realizar mejoras. Abordaremos:

Definición de Indicadores Clave de Desempeño (KPIs):

• Identificación y establecimiento de KPIs alineados con los objetivos estratégicos de la organización.

• Inclusión de indicadores que reflejen la eficacia de las prácticas de alto rendimiento y aprendizaje continuo.

Recolección de Datos:

• Implementación de sistemas eficientes para la recolección de datos relacionados con los KPIs definidos.

- Utilización de herramientas de análisis y métricas para obtener información detallada.

Análisis de Resultados:

- Análisis detallado de los datos recopilados para evaluar el rendimiento de la organización.

- Comparación de los resultados obtenidos con las metas establecidas.

Feedback de los Colaboradores:

- Recolección de comentarios de los colaboradores sobre los cambios implementados.

- Realización de encuestas, entrevistas o grupos focales para comprender la percepción y la experiencia del equipo.

Ajustes y Optimizaciones:

- Con base en el análisis de resultados y el feedback de los colaboradores, realizar ajustes en las prácticas y estrategias implementadas.

- Buscar optimizaciones continuas para mejorar la eficacia de las iniciativas.

Informe de Impacto:

• Elaboración de un informe integral que destaque los resultados alcanzados y los cambios perceptibles.

• Compartir esta información con toda la organización para promover la transparencia y el reconocimiento de los esfuerzos.

Creación de un Ciclo de Evaluación Continua:

• Establecimiento de un ciclo continuo de evaluación y ajuste basado en los resultados y las necesidades en evolución de la organización.

• Integración de la medición de resultados como parte integral de la cultura organizacional.

Este tema tiene como objetivo asegurar que la organización esté siempre alineada con sus objetivos, utilizando datos concretos para guiar decisiones futuras y fomentar una cultura de mejora continua.

Capítulo 16

Sostenibilidad y Continuidad

En esta fase, abordaremos estrategias para sostener los logros obtenidos y mantener la evolución continua. La continuidad de las prácticas de alto rendimiento y aprendizaje continuo requiere un compromiso a largo plazo. Abordaremos:

Creación de Estructuras de Soporte:

- Establecimiento de estructuras organizativas que respalden y promuevan las prácticas de alto rendimiento.

- Designación de responsabilidades específicas para garantizar la continuidad de las iniciativas.

Desarrollo de Líderes como Mentores:

- Capacitación de líderes para actuar como mentores, promoviendo una cultura de aprendizaje continuo.

- Estímulo a la transmisión de conocimientos y experiencia entre líderes y miembros del equipo.

Incorporación en los Procesos de Recursos Humanos:

• Integración de prácticas de alto rendimiento en los procesos de reclutamiento, capacitación y desarrollo de recursos humanos.

• Garantía de que los nuevos miembros del equipo se alineen con la cultura organizacional establecida.

Programas de Reconocimiento y Recompensas:

• Implementación de programas que reconozcan y recompensen las contribuciones a la cultura de alto rendimiento y aprendizaje continuo.

• Inclusión de incentivos que promuevan la excelencia individual y en equipo.

Comunicación Continua:

• Mantenimiento de una comunicación transparente sobre los progresos y objetivos de la organización.

• Realización de reuniones regulares para alinear al equipo y proporcionar actualizaciones sobre iniciativas futuras.

Monitoreo del Clima Organizacional:

• Implementación de herramientas de monitoreo del clima organizacional para identificar cualquier desafío emergente.

• Intervención proactiva en problemas que puedan afectar la cultura organizacional.

Evaluación Periódica de la Eficacia:

• Realización de evaluaciones periódicas para medir la eficacia de las prácticas de sostenimiento.

• Ajuste constante de las estrategias según los resultados de estas evaluaciones.

Este tema tiene como objetivo asegurar que las prácticas de alto rendimiento y aprendizaje continuo se conviertan en parte intrínseca de la cultura organizacional, garantizando la sostenibilidad de los esfuerzos y la evolución constante a lo largo del tiempo.

Capítulo 17

Expansión y Replicación del Modelo

En esta fase, exploraremos cómo expandir y replicar con éxito el modelo de equipos de alto rendimiento y aprendizaje continuo a otras áreas o unidades de la organización. Abordaremos:

Identificación de Oportunidades de Expansión:

• Evaluación de áreas o departamentos que se beneficiarían de la implementación del modelo.

• Identificación de oportunidades específicas para replicar las prácticas exitosas.

Adaptación del Modelo para Diversos Contextos:

• Modificación y adaptación del modelo para satisfacer las necesidades y peculiaridades de diferentes áreas o unidades.

• Consideración de las sutilezas culturales y operativas de cada contexto.

Entrenamiento y Capacitación:

• Desarrollo de programas de entrenamiento para introducir los principios del modelo en nuevos equipos.

• Capacitación de líderes y miembros del equipo para garantizar una implementación eficaz.

Compartir Experiencias Exitosas:

• Creación de canales de comunicación para compartir experiencias y aprendizajes entre las diferentes áreas.

• Promoción de una cultura organizativa cohesiva e interconectada.

Feedback Iterativo:

• Recolección de feedback continuo durante la expansión para identificar puntos de mejora.

• Ajuste constante del modelo basado en el feedback recibido.

Monitoreo de Indicadores de Desempeño:

• Establecimiento de indicadores de desempeño específicos para cada área.

•   Monitoreo constante para evaluar el impacto y la eficacia del modelo expandido.

Reconocimiento y Celebración de Logros:

•   Reconocimiento público de los equipos que adoptan y tienen éxito con el modelo.

•   Celebración de los logros individuales y colectivos alcanzados a través de la implementación.

Esta fase busca garantizar que el éxito del modelo se replique de manera eficaz en diferentes partes de la organización, promoviendo una cultura unificada de alto rendimiento y aprendizaje continuo.

Capítulo 18

Adaptación a Desafíos Futuros e Innovación Continua

En esta etapa, abordaremos cómo la organización puede adaptarse a desafíos futuros y mantener una mentalidad de innovación continua. Esto implica anticipar cambios en el entorno empresarial y prepararse para evolucionar según las demandas emergentes. Abordaremos:

Análisis de Tendencias y Cambios en el Entorno Empresarial:

• Monitoreo constante de tendencias y cambios en el mercado y la industria.

• Análisis de cómo estos cambios pueden afectar a la organización y sus prácticas.

Fomento de la Cultura de Innovación:

• Estímulo a la generación de ideas innovadoras en todos los niveles de la organización.

• Creación de espacios para la experimentación e implementación de nuevos enfoques.

Desarrollo de Capacidades de Adaptación:

• Promoción de entrenamientos y programas que desarrollen la capacidad del equipo para adaptarse rápidamente a cambios.

• Incentivo a la flexibilidad y resiliencia ante desafíos imprevistos.

Establecimiento de Alianzas Estratégicas:

• Exploración de alianzas estratégicas que puedan aportar nuevas perspectivas y recursos a la organización.

• Colaboración con otras empresas, instituciones académicas y organizaciones para impulsar la innovación.

Inversión en Tecnologías Emergentes:

• Evaluación e implementación de tecnologías emergentes que puedan mejorar la eficiencia y eficacia organizativa.

• Integración de soluciones tecnológicas alineadas con los objetivos de la organización.

Promoción de Aprendizaje Continuo:

• Continuidad de programas de entrenamiento y desarrollo para mantener al equipo actualizado.

• Estímulo a la búsqueda constante de nuevos conocimientos y habilidades relevantes.

Evaluación de Riesgos y Preparación para Contingencias:

• Identificación proactiva de posibles riesgos y vulnerabilidades.

• Desarrollo de planes de contingencia para manejar situaciones adversas.

Este tema tiene como objetivo garantizar que la organización esté preparada para enfrentar desafíos futuros, manteniendo una cultura de innovación y aprendizaje continuo que la posicione de manera resiliente en el mercado.

Capítulo 19

Legado e Impacto Sustentable

En esta fase, exploraremos cómo consolidar el legado de las prácticas de alto rendimiento y aprendizaje continuo, asegurando un impacto sostenible a largo plazo. Esto implica la creación de una base sólida que perdure incluso después de cambios en el liderazgo o en el entorno organizacional. Abordaremos:

Incorporación en los Valores Organizacionales:

• Garantía de que los principios de alto rendimiento y aprendizaje continuo estén incorporados a los valores fundamentales de la organización.

• Creación de un compromiso duradero con estos principios.

Documentación y Transmisión de Conocimiento:

• Creación de manuales, documentos y recursos que capturen las prácticas clave y los aprendizajes del viaje.

• Establecimiento de procesos para transmitir este conocimiento a nuevas generaciones de colaboradores.

Programas de Sucesión:

- Desarrollo de programas de sucesión que identifiquen y preparen líderes para asumir roles clave.

- Transferencia gradual de responsabilidades y conocimientos para garantizar una transición suave.

Métricas de Largo Plazo:

- Establecimiento de métricas a largo plazo que evalúen el impacto continuo de las prácticas implementadas.

- Monitoreo del legado organizacional a lo largo del tiempo.

Reconocimiento de Contribuciones Individuales:

- Reconocimiento y celebración de las contribuciones individuales al desarrollo de la cultura de alto rendimiento.

- Creación de premios u honores que destaquen el compromiso y la dedicación.

Compromiso de la Comunidad Organizacional:

- Promoción de la participación activa de todos los miembros de la comunidad organizacional en la preservación de la cultura.

•   Incentivo a la continuidad del compromiso con los principios establecidos.

Evaluación Periódica del Legado:

•   Realización de evaluaciones periódicas para verificar la eficacia de las estrategias de preservación del legado.

•   Ajuste constante de las aproximaciones basado en los resultados de estas evaluaciones.

Este tema tiene como objetivo asegurar que el impacto de las prácticas de alto rendimiento y aprendizaje continuo sea duradero, formando un legado que contribuya positivamente al futuro de la organización.

Capítulo 20

Reflexión y Renovación Constante

En esta fase, exploraremos la importancia de la reflexión constante y la renovación para mantener la vitalidad de la cultura de alto rendimiento y aprendizaje continuo. Esto incluye prácticas que permiten a la organización adaptarse a nuevos contextos y desafíos. Abordaremos:

Evaluación de la Relevancia Continua:

• Realización de evaluaciones periódicas para determinar la relevancia continua de los principios de alto rendimiento.

• Adaptación y ajuste conforme las necesidades del entorno empresarial evolucionan.

Foros de Discusión y Feedback:

• Establecimiento de foros regulares para discusión abierta y recolección de feedback.

• Incentivo a la expresión de ideas innovadoras y sugerencias para mjoras.

Programas de Innovación Interna:

- Implementación de programas que fomenten la innovación interna.

- Creación de canales para que los colaboradores compartan ideas disruptivas.

Desarrollo de Nuevas Metodologías:

- Exploración de nuevas metodologías y enfoques de alto rendimiento.

- Integración de prácticas innovadoras que se alineen con la visión y misión de la organización.

Incentivo al Aprendizaje Continuo:

- Promoción de una cultura que valore el aprendizaje constante.

- Apoyo activo al desarrollo de habilidades relevantes para los desafíos emergentes.

Flexibilidad en las Prácticas Organizacionales:

- Adopción de un enfoque flexible hacia las prácticas organizacionales.

- Capacidad para ajustar políticas y procedimientos según sea necesario.

Celebración de Logros y Hitos:

• Reconocimiento y celebración de logros significativos a lo largo del camino.

• Reforzamiento positivo para mantener el compromiso y el entusiasmo del equipo.

Este tema enfatiza la importancia de la reflexión, adaptación y renovación constante para asegurar que la cultura de alto rendimiento permanezca dinámica y alineada con los objetivos organizacionales en constante evolución.

Capítulo 21

La Jornada de Transformación Organizacional

En esta fase final, abordaremos la jornada de transformación organizacional en su totalidad, destacando los puntos clave y aprendizajes a lo largo del proceso. Esto incluirá:

Narrativa de la Transformación:

• Creación de una narrativa que cuente la historia de la transformación organizacional.

• Destaque de los hitos, desafíos superados y éxitos a lo largo de la jornada.

Impacto en los Resultados Organizacionales:

• Evaluación del impacto de la transformación en los resultados financieros, operativos y de satisfacción del cliente.

• Comparación de métricas antes y después de la implementación de las prácticas de alto rendimiento y aprendizaje continuo.

Testimonios y Casos de Éxito:

• Recopilación de testimonios de colaboradores que vivieron la transformación.

• Destaque de casos de éxito que ilustren la eficacia de las prácticas implementadas.

Lecciones Aprendidas:

• Identificación y documentación de las lecciones aprendidas a lo largo de la jornada.

• Reflexión sobre desafíos superados y cómo estos contribuyeron al crecimiento organizacional.

Reconocimiento y Agradecimiento:

• Reconocimiento y agradecimiento a todos los involucrados en la transformación.

• Destaque para el esfuerzo colectivo y la dedicación individual.

Visión para el Futuro:

• Presentación de la visión para el futuro de la organización después de la transformación.

• Definición de metas y aspiraciones que continúen impulsando el crecimiento y la innovación.

Compromiso Continuo:

• Establecimiento de estrategias para mantener el compromiso y la motivación del equipo.

• Incentivo a la continuidad del compromiso con la cultura de alto rendimiento y aprendizaje continuo.

Esta fase concluye la jornada, proporcionando una visión integral de la transformación organizacional. Destaca no solo los resultados tangibles, sino también el impacto en las personas y la cultura de la organización, consolidando la transformación como parte integral de la identidad y el futuro de la organización.

Capítulo 22

Después de Concluir la Jornada de Transformación Organizacional

Después de concluir la jornada de transformación organizacional, el próximo paso sería enfocarse en la implementación continua de las prácticas establecidas, en la monitorización de los resultados y en la adaptación constante a los cambios en el entorno empresarial. Esto puede involucrar:

Implementación Continua:

• Asegurar que las prácticas de alto rendimiento y aprendizaje continuo sean parte integral de los procesos diarios.

• Garantizar que los nuevos miembros del equipo se incorporen a la cultura organizacional desde el principio.

Monitoreo de Indicadores Clave:

• Continuar monitoreando los indicadores clave de rendimiento establecidos durante la transformación.

- Realizar evaluaciones regulares para garantizar que la organización esté en el camino correcto con respecto a sus objetivos.

Mejora Continua:

- Identificar oportunidades de mejora basadas en el feedback continuo y las evaluaciones de rendimiento.

- Iterar sobre las prácticas existentes para garantizar que permanezcan alineadas con las necesidades y metas organizacionales.

Desarrollo Profesional Continuo:

- Mantener programas de desarrollo profesional para garantizar que el equipo esté constantemente mejorando sus habilidades.

- Explorar nuevas tendencias y tecnologías relevantes para la industria.

Creación de una Cultura de Innovación:

- Continuar promoviendo una cultura de innovación, incentivando la experimentación y la búsqueda de soluciones creativas.

- Explorar oportunidades para implementar tecnologías emergentes y prácticas innovadoras.

Compromiso de la Comunidad:

• Fomentar el compromiso continuo de la comunidad organizacional en la preservación y evolución de la cultura establecida.

• Incentivar la colaboración y el intercambio de conocimientos entre los miembros del equipo.

Adaptación a Cambios Externos:

• Mantenerse atento a cambios en el entorno externo que puedan afectar a la organización.

• Desarrollar estrategias ágiles para adaptarse proactivamente a estos cambios.

Esta fase post-transformación se caracteriza por la consolidación de las ganancias obtenidas y la búsqueda continua de la excelencia organizacional. Permanecer ágil, adaptable y orientado al aprendizaje continuo es esencial para garantizar que la organización continúe evolucionando y destacándose en un entorno empresarial dinámico.

Capítulo 23

Ciclo de Melhoria e Evolução Organizacional

Após la implementación continua de las prácticas establecidas y la consolidación de las ganancias, el ciclo de mejora y evolución organizacional puede continuar con varias aproximaciones:

Innovación e Investigación de Vanguardia:

• Invertir en programas de investigación y desarrollo para mantenerse a la vanguardia de la innovación.

• Explorar nuevas tecnologías, métodos y estrategias que puedan proporcionar ventajas competitivas.

Expansión a Nuevos Mercados o Sectores:

• Evaluar oportunidades de expansión a nuevos mercados o sectores.

• Aplicar las prácticas de alto rendimiento y aprendizaje continuo en contextos diferentes y adaptar según sea necesario.

Alianzas Estratégicas y Fusiones:

• Buscar alianzas estratégicas y fusiones que puedan fortalecer la posición de la organización en el mercado.

• Integrar nuevos elementos culturales y prácticas, aprovechando lo mejor de cada entidad.

Sostenibilidad y Responsabilidad Social:

• Incorporar prácticas sostenibles y responsabilidad social en las operaciones de la organización.

• Demostrar un compromiso continuo con la ética, la responsabilidad ambiental y social.

Desarrollo de Liderazgo y Sucesión:

• Continuar invirtiendo en el desarrollo de liderazgo y programas de sucesión.

• Garantizar un liderazgo sólido y preparado para asumir roles estratégicos a medida que la organización evoluciona.

Adopción de Modelos de Negocios Innovadores:

• Explorar nuevos modelos de negocios que puedan aportar eficiencias operativas y mayor valor para los clientes.

- Estar atento a cambios en las expectativas del cliente y tendencias del mercado.

Cultura de Mejora Continua:

- Establecer una cultura organizacional que valore la mejora continua en todos los aspectos.

- Incentivar la innovación bottom-up, donde las ideas y sugerencias de los colaboradores son valoradas.

Esta fase post-implementación continua representa un ciclo constante de evaluación, adaptación y crecimiento. Al mantener una mentalidad ágil, orientada al aprendizaje continuo y abierta a la innovación, la organización estará bien posicionada para enfrentar los desafíos futuros y prosperar en un entorno empresarial dinámico.

Capítulo 24

El Papel Vital de los Gestores en la Inspiración y Motivación de los Equipos

En el vasto territorio de la gestión, los gestores son los arquitectos que moldean la cultura y el rendimiento de los equipos. Este capítulo se propone explorar el papel crucial desempeñado por los gestores en la inspiración y motivación de los equipos, revelando prácticas de liderazgo que trascienden la simple supervisión.

Sección 1: Inspirando a Través de la Visión:

La visión es la brújula que orienta a un equipo hacia los objetivos. En esta sección, examinaremos cómo los gestores pueden articular una visión envolvente, infundiendo un sentido de propósito que trasciende las tareas diarias. A través de estudios de caso y ejemplos prácticos, destacaremos cómo los líderes inspiradores pintan un cuadro convincente del futuro, alineando al equipo con una narrativa que va más allá de los números y metas.

Sección 2: Motivación Más Allá de los Incentivos Financieros

Si la visión es la brújula, la motivación es el combustible que impulsa la jornada. Aquí, exploraremos enfoques innovadores para motivar a los equipos, yendo más allá de los tradicionales incentivos financieros. Analizaremos cómo los gestores visionarios aplican el reconocimiento, el desarrollo profesional y un entorno de trabajo positivo para nutrir la pasión intrínseca de **los miembros del equipo.**

Sección 3: Comunicación Inspiradora

La comunicación eficaz es la clave para desbloquear la comprensión y la confianza dentro del equipo. Investigaremos cómo los gestores pueden mejorar sus habilidades de comunicación para inspirar y motivar. Desde el arte de la narrativa hasta la importancia de la escucha activa, esta sección proporcionará herramientas prácticas para que los gestores cultiven un ambiente de comunicación abierta e inspiradora.

Sección 4: Desarrollando una Cultura de Reconocimient

El reconocimiento es una fuerza motriz poderosa. En esta sección, examinaremos cómo los gestores pueden desarrollar una cultura de reconocimiento que celebre logros, ya sean pequeños o grandes. A través de estrategias tangibles y programas de reconocimiento, los gestores pueden fortalecer el vínculo entre los miembros del equipo y fomentar un sentido de pertenencia y logro.

Sección 5: Liderazgo Auténtico

La autenticidad es la cola que une a líderes y equipos. Abordaremos la importancia del liderazgo auténtico, destacando cómo los gestores pueden ser modelos de integridad y transparencia. Investigaremos estudios de caso de líderes auténticos que inspiraron confianza y construyeron relaciones duraderas con sus equipos.

A medida que exploramos el papel de los gestores en la inspiración y motivación de los equipos, se vuelve evidente que la verdadera liderazgo trasciende el cumplimiento de metas. Los gestores visionarios no solo coordinan tareas, sino que cultivan un ambiente que nutre el potencial humano. Este capítulo será una brújula para los gestores, guiándolos en la construcción de equipos motivados e inspirados, capaces de enfrentar desafíos con resiliencia y lograr notables éxitos.

Capítulo 25

Desarrollo de Talento - Un Enfoque Estratégico Inspirado en el Entrenamiento Intenso de las Fuerzas Especiales

En el universo de las fuerzas especiales, donde la excelencia no solo es deseada, sino vital, el entrenamiento emerge como la columna vertebral del éxito. Este capítulo se sumerge en el corazón de la vitalidad del desarrollo de talentos en las organizaciones, una jornada inspirada en el enfoque meticuloso e intensivo adoptado por las fuerzas especiales. Al desentrañar estrategias efectivas, buscamos no solo impulsar el crecimiento continuo de los miembros del equipo, sino también alinearnos con el riguroso entrenamiento que caracteriza a las unidades de élite.

Sección 1: Identificación de Potencial:

Como arqueólogos de talento, los gestores pueden descubrir habilidades latentes que pueden no ser evidentes a primera vista. En esta sección, exploramos métodos para la identificación de potencial, destacando la importancia de evaluaciones estratégicas y retroalimentación continua. Al inspirar a los gestores a reconocer y nutrir habilidades, desbloqueamos el verdadero potencial de cada miembro del equipo.

Sección 2: Desarrollo Personalizado:

Así como las fuerzas especiales adaptan el entrenamiento para habilidades individuales, los gestores pueden crear programas personalizados que satisfagan las necesidades únicas de cada miembro del equipo. Desde mentorías hasta cursos especializados, esta sección sirve como una guía práctica para el desarrollo personalizado, catalizando el crecimiento profesional y personal.

Sección 3: La Importancia del Feedback Constructivo: El feedback es la brújula que orienta la jornada de desarrollo. En esta sección, analizamos la importancia del feedback constructivo, destacando cómo los gestores pueden ofrecer orientación efectiva que inspire el crecimiento. Estudios de caso ilustran cómo el feedback se convierte en una herramienta poderosa para moldear habilidades y mejorar el rendimiento.

Sección 4: Desarrollo de Habilidades Técnicas y Comportamentales: Así como las fuerzas especiales equilibran habilidades técnicas y comportamentales, esta sección aborda el desarrollo de ambas dimensiones. Exploramos estrategias para mejorar habilidades técnicas específicas de las funciones del equipo, mientras enfatizamos el desarrollo de habilidades comportamentales, como liderazgo, resiliencia y trabajo en equipo.

Sección 5: Programas de Educación Continua: Las fuerzas especiales están siempre aprendiendo, siempre mejorándose. En esta sección, examinamos cómo los gestores pueden implementar programas de educación continua, promoviendo el aprendizaje constante. Desde cursos en línea hasta asociaciones con instituciones educativas, esta sección ofrece ideas sobre la creación de una cultura de desarrollo que trasciende los límites convencionales.

Al explorar el terreno del desarrollo de talentos, inspirado en el entrenamiento intenso de las fuerzas especiales, este capítulo no es solo una exploración, sino una brújula para los gestores que buscan construir equipos resilientes y hábiles. El desarrollo continuo no es solo una estrategia; es un compromiso con la excelencia. Que estas estrategias inspiren a los gestores a cultivar un ambiente donde cada miembro del equipo sea alentado a evolucionar constantemente, contribuyendo así al éxito duradero de la organización.

Capítulo 26

Creación de Ambiente Propicio - Terreno Fértil para el Florecimiento de Equipos de Alto Desempeño

En este capítulo, nos adentramos en la esencia de la liderazgo, explorando cómo los gestores pueden ser arquitectos de un ambiente propicio para el florecimiento de equipos de alto desempeño. Inspirados por los principios de las fuerzas especiales, nos sumergimos en la creación de un suelo fértil donde la excelencia no solo prospera, sino que se vuelve inevitable.

Sección 1: Cultivando la Confianza:

La confianza es la base sobre la cual se construyen equipos robustos. En esta sección, examinaremos estrategias para que los gestores cultiven la confianza dentro del equipo. Abordaremos la transparencia, la consistencia y la rendición de cuentas como elementos clave para nutrir un ambiente donde cada miembro del equipo se sienta seguro para contribuir plenamente.

Sección 2: Fomentando la Colaboración:

El florecimiento de equipos de alto desempeño depende de la colaboración efectiva. Aquí, exploraremos cómo los gestores pueden fomentar una cultura colaborativa, incentivando el intercambio de ideas y la sinergia. Estudios de caso destacarán iniciativas exitosas que promovieron la colaboración, trascendiendo las barreras jerárquicas.

Sección 3: Flexibilidad e Innovación:

Los ambientes propicios no son estáticos; se adaptan e innovan. Analizaremos cómo los gestores pueden incorporar flexibilidad en procesos y promover una mentalidad innovadora. Ejemplos prácticos ilustrarán cómo la agilidad se convierte en un catalizador para el florecimiento de ideas innovadoras y la resolución eficaz de problemas.

Sección 4: Reconociendo y Celebrando el Éxito:

Celebrar logros es vital para mantener el impulso positivo. En esta sección, exploraremos cómo los gestores pueden reconocer y celebrar el éxito individual y colectivo. Estrategias de reconocimiento, desde simples elogios hasta programas más elaborados, se discutirán como herramientas para fortalecer el sentimiento de realización y pertenencia.

Sección 5: Gestionando Conflictos Constructivamente:

En cualquier equipo, los conflictos son inevitables. Sin embargo, la forma en que se manejan puede determinar el destino del equipo. Analizaremos estrategias para que los gestores manejen conflictos constructivamente, transformando desafíos en oportunidades de aprendizaje y crecimiento.

Este capítulo es una invitación para que los gestores se conviertan en arquitectos de ambientes propicios, donde los equipos no solo existan, sino que prosperen. Al cultivar la confianza, fomentar la colaboración, promover la flexibilidad, celebrar el éxito y manejar conflictos constructivamente, los gestores se convierten en líderes que no solo guían, sino que crean terrenos fértiles para el florecimiento duradero de equipos de alto desempeño. Que esta guía inspire a los gestores a construir no solo equipos, sino ecosistemas donde la excelencia sea la norma y el éxito sea un viaje continuo.

Conclusión

Más Allá de las Fronteras de la Transformación Organizacional

A lo largo de esta jornada de escritura, nos sumergimos en las profundidades de la transformación organizacional, explorando las intrincadas conexiones entre la gestión efectiva, los equipos de alto rendimiento y las invaluables lecciones de las fuerzas especiales. Nuestro objetivo inicial de desentrañar un camino para construir equipos excepcionales se amplió para abrazar una visión holística de la gestión contemporánea.

Iniciamos contextualizando la importancia vital de los equipos de alto rendimiento en la gestión moderna, revelando los desafíos apremiantes en la formación de estos equipos y delineando el papel crucial de los gestores. En una síntesis única, unimos la tradición legendaria de las fuerzas especiales, desde los legendarios mirmidones hasta los modernos Navy SEALs y Spetsnaz, con los fundamentos de la gestión efectiva.

El título **Misión Dada, Misión Cumplida** encapsula la esencia de nuestra exploración. Este título audaz no es solo un llamado a la acción, sino una invitación a trascender las fronteras convencionales de la gestión y el liderazgo.

Al adentrarnos en las orígenes legendarias de las fuerzas especiales, desde los mirmidones en la Antigua Grecia hasta los pretorianos de Roma, presenciamos la disciplina incansable en la guerra de Troya y la lealtad inquebrantable al emperador romano. Estas historias, entrelazadas con los principios modernos de las fuerzas especiales, sirvieron como pilares para construir nuestra comprensión de equipos verdaderamente excepcionales.

Exploramos la importancia en la gestión contemporánea, desmitificamos los desafíos en la formación de equipos de alto rendimiento y destacamos la responsabilidad vital de los gestores. Cada capítulo fue un viaje, un puente entre el pasado y el presente, conectando las lecciones atemporales de las fuerzas especiales con las necesidades urgentes de las organizaciones modernas.

Desde la disciplina inculcada por los mirmidones hasta la élite romana de los pretorianos, y desde los áridos ambientes de los Navy SEALs hasta las operaciones sigilosas de los Spetsnaz, cada narrativa contribuyó a un mosaico coherente de aprendizaje. Estas lecciones trascendieron los campos de batalla para iluminar los pasillos corporativos, ofreciendo principios valiosos para construir equipos que no solo enfrentan desafíos, sino que prosperan ante ellos.

Al contextualizar la formación de equipos, abordamos desafíos como la diversidad, la comunicación y la resiliencia. Cada tema fue una pieza en el rompecabezas de la gestión, resaltando la importancia de líderes inspiradores, comunicación clara, resiliencia y decisiones rápidas. Aprendimos que, al igual que las fuerzas especiales, los equipos de alto rendimiento requieren una cultura cohesiva, un entrenamiento intenso y un enfoque decisivo frente a la incertidumbre.

Avanzamos más allá de los campos de batalla y salas de reuniones para explorar el universo de las fuerzas especiales, desde el llamado de los mirmidones hasta la vanguardia romana de los pretorianos, incorporando las tácticas modernas de los Navy SEALs y Spetsnaz. Cada narrativa trajo lecciones atemporales sobre disciplina, lealtad, innovación y liderazgo que resuenan en las salas de reuniones y pasillos corporativos.

La visión general del proyecto, con capítulos delineados, estableció la estructura para nuestra exploración. Cada capítulo se convirtió en un portal para una nueva comprensión, una invitación para aplicar los principios aprendidos y transformar no solo equipos, sino toda la cultura organizacional.

La reflexión sobre los primeros pasos de las tropas especiales reveló una verdad universal: las emergencias exigen respuestas extraordinarias. Los mirmidones, con su disciplina inquebrantable en la guerra de Troya, y los pretorianos, como guardianes del emperador romano, nos mostraron que la necesidad de tropas especiales nació de las circunstancias más cruciales.

Al sumergirnos en las historias de los mirmidones, entendimos la disciplina como la columna vertebral de la excelencia operativa. La vanguardia romana de los pretorianos, como guardianes del emperador, enfatizó la lealtad y la importancia de una cultura sólida. Estas lecciones, entrelazadas con los principios modernos de los Navy SEALs y Spetsnaz, se convirtieron en una fuente inagotable de sabiduría para la formación de equipos excepcionales.

Cada capítulo, cuidadosamente elaborado, se convirtió en un punto de anclaje para la construcción de equipos de alto rendimiento. Desde la contextualización de la importancia en la gestión contemporánea hasta los desafíos enfrentados en la formación de equipos, y desde la disciplina de los mirmidones hasta la vanguardia romana de los pretorianos, el viaje estuvo lleno de descubrimientos y aplicaciones prácticas.

Al avanzar hacia la contextualización, exploramos la vital importancia de los equipos de alto rendimiento en la era actual de la gestión. Discutimos los desafíos de reunir equipos excepcionales y la responsabilidad crucial de los gestores en este proceso. Cada tema, cada palabra, contribuyó a la comprensión mejorada de cómo las organizaciones pueden trascender.

De esta manera, nuestro viaje nos llevó más allá de las fronteras convencionales de la gestión, hacia los pasillos de lo extraordinario. "Missão Dada, Missão Cumprida" no es solo un título; es un mantra, una llamada para que los líderes y gestores abran caminos que trasciendan las expectativas, al igual que las fuerzas especiales lo hacen rutinariamente.

Hemos concluido este viaje, pero es solo el comienzo. Las lecciones atemporales de las fuerzas especiales permanecerán como guías inestimables para construir equipos de alto rendimiento. Que este libro sirva no solo como un compendio de conocimiento, sino como un catalizador para la transformación y la excelencia continuas en todas las organizaciones que buscan superar fronteras y alcanzar lo extraordinario.

Ficha Técnica: Navy SEALs

1. **Nombre Completo:** Equipos de Mar, Aire y Tierra de la Armada de los Estados Unidos (Navy SEALs)

2. **Fundación:** Los Navy SEALs fueron oficialmente fundados en 1962.

3. **Ramificación Militar:** Armada de los Estados Unidos.

4. **Misión Principal:** Ejecutar operaciones especiales marítimas, aéreas y terrestres en ambientes hostiles.

5. **Motto:** "El Único Día Fácil Fue Ayer."

6. **Entrenamiento:**

- **BUD/S (Basic Underwater Demolition/SEAL) Training:** Entrenamiento de demolición subacuática y habilidades de combate anfibio.

- **SEAL Qualification Training (SQT):** Programa de calificación SEAL.

- **SEAL Advanced Training:** Entrenamiento avanzado en armas, navegación, medicina de combate y tácticas especiales.

7. **Selección:**

• Riguroso proceso de selección, incluyendo pruebas físicas intensivas, evaluaciones psicológicas y entrevistas.

8. **Efetivo Actual:** El número exacto es clasificado, pero se estima que hay alrededor de 2,500 a 3,000 Navy SEALs en servicio.

9. **Base de Operaciones:** Los SEALs están basados en Coronado, California (Equipo SEAL de la Costa Oeste) y en Virginia Beach, Virginia (Equipo SEAL de la Costa Este).

10. **Operaciones Notables:**

• Participación activa en la Guerra de Vietnam.

• Operación "Neptune Spear" - Captura de Osama bin Laden en 2011.

• Varias misiones de contraterrorismo y rescate de rehenes.

11. **Equipamiento Típico:**

• Armas de fuego avanzadas, incluyendo rifles de asalto y pistolas.

• Equipamiento de buceo.

• Equipamiento de combate cuerpo a cuerpo.

• Equipamiento de comunicación avanzado.

12. **Valores Fundamentales:**

- Lealtad al Equipo: Poner el bienestar del equipo por encima del interés personal.

- Determinación: Persistir ante los desafíos, manteniendo la motivación y el enfoque.

- Disciplina: Adoptar estándares elevados de comportamiento y rendimiento.

- Honorabilidad: Actuar con integridad y ética en todas las situaciones.

13. **Habilidades Específicas:**

- Operaciones de combate anfibio.

- Infiltración y exfiltración sigilosas.

- Combate en entornos cerrados.

- Paracaidismo táctico.

- Navegación terrestre y marítima.

14. **Media de Edad:** Los SEALs tienen una media de edad de 28 a 30 años.

15. **Curiosidades:**

- El entrenamiento BUD/S es conocido por su intensidad, con una alta tasa de deserción.

- El emblema de los SEALs es un tridente con un ancla, representando las capacidades marítimas, y un puñal, representando las capacidades terrestres y de combate.

Ficha Técnica: Rangers del Ejército de los Estados Unidos

1. **Nombre Completo:** 75º Regimiento de Rangers del Ejército de los Estados Unidos (75th Ranger Regiment)

2. **Fundación:** Oficialmente activado el 3 de febrero de 1986.

3. **Ramificación Militar:** Ejército de los Estados Unidos.

4. **Misión Principal:** Realizar operaciones de asalto aerotransportado, emboscadas, reconocimiento, búsqueda y rescate, y otras operaciones especiales en ambientes hostiles.

5. **Motto:** "Rangers Lideran el Camino."

6. **Entrenamiento:**

• **RASP (Ranger Assessment and Selection Program):** Programa de evaluación y selección para ingreso en el Regimiento.

- **Ranger School:** Curso de entrenamiento en liderazgo, habilidades de combate, patrulla y supervivencia.

7. **Selección:**

- Riguroso proceso de selección, incluyendo pruebas físicas, evaluaciones de liderazgo y entrenamiento especializado.

8. **Efetivo Actual:** El número exacto es clasificado, pero se estima que hay alrededor de 3,500 Rangers en servicio.

9. **Base de Operaciones:** Las principales unidades están basadas en Fort Benning, Georgia (1er Batallón) y en Hunter Army Airfield, Georgia (2do y 3er Batallones).

10. **Operaciones Notables:**

- Participación activa en las Guerras del Golfo, Afganistán e Irak.

- Misiones de reconocimiento y combate directo.

11. **Equipamiento Típico:**

- Armas de fuego estándar del Ejército de los EE. UU., incluyendo rifles de asalto y ametralladoras.

- Equipamiento de comunicación avanzado.

- Equipamiento táctico y de supervivencia.

12. **Valores Fundamentales:**

- Valentía: Actuar con valentía ante el peligro.

- Liderazgo: Ser líderes efectivos en todo momento.

- Honestidad: Mantener la integridad y actuar con honestidad.

- Trabajo en Equipo: Colaborar de manera efectiva para alcanzar objetivos comunes.

13. **Habilidades Específicas:**

- Asalto aerotransportado.

- Patrulla de combate.

- Reconocimiento de largo alcance.

- Operaciones de búsqueda y rescate.

14. **Media de Edad:** La edad de los Rangers varía, pero muchos están entre los 18 y 35 años.

15. **Curiosidades:**

- Los Rangers son conocidos por sus capacidades de respuesta rápida y operaciones altamente entrenadas.

- Durante la Segunda Guerra Mundial, los Rangers fueron famosos por sus acciones en las playas de Normandía, conocidas como "Punto Du Hoc." Al igual que con los Navy SEALs, algunas informaciones específicas sobre los Rangers pueden estar clasificadas y no disponibles públicamente.

Ficha Técnica: SAS (Special Air Service)

1. **Nombre Completo:** Servicio Aéreo Especial (SAS)

2. **Fundación:** Formado en 1941 durante la Segunda Guerra Mundial.

3. **País de Origen:** Reino Unido.

4. **Misión Principal:** Realizar operaciones especiales, incluyendo reconocimiento, sabotaje, rescate de rehenes y acciones directas en ambientes hostiles.

5. **Motto:** "Quien Osa, Gana."

6. **Selección y Entrenamiento:**

• **SFQC (Special Forces Qualification Course):** Curso de Calificación de Fuerzas Especiales para reclutas.

• **SAS Selection (Selección del SAS):** Proceso notorio y riguroso de selección, incluyendo pruebas físicas extenuantes y evaluaciones psicológicas.

- **SAS Training (Entrenamiento SAS):** Entrenamiento intensivo en técnicas de combate, supervivencia, navegación y operaciones especiales.

7. **Efetivo Actual:** El número exacto es clasificado, pero se estima que hay varias centenas de operadores SAS.

8. **Base de Operaciones:** El SAS tiene varias unidades, incluyendo la sede en Hereford, Inglaterra, y una unidad de reserva conocida como 22nd Special Air Service Regiment (22 SAS).

9. **Operaciones Notables:**

- Actuaciones en la Segunda Guerra Mundial, Malvinas, Bosnia, Irak y Afganistán.

- Rescates de rehenes y operaciones antiterrorismo.

10. **Equipamiento Típico:**

- Variedad de armas de fuego, incluyendo rifles de asalto y pistolas.

- Equipamiento táctico avanzado.

- Equipamiento de comunicación especializado.

11. **Valores Fundamentales:**

- Valentía: Enfrentar el peligro con valentía.

- Integridad: Actuar con honestidad y ética.

- Adaptabilidad: Ser flexible y eficaz en diversas situaciones.

- Trabajo en Equipo: Colaborar para alcanzar objetivos.

12. **Habilidades Específicas:**

- Operaciones de infiltración y exfiltración.

- Combate en entornos urbanos.

- Patrulla y reconocimiento de largo alcance.

- Operaciones de contrasabotaje.

13. **Media de Edad:** Los miembros del SAS tienen una amplia franja etaria, generalmente entre 20 y 40 años.

14. **Curiosidades:**

- El SAS es una de las unidades de fuerzas especiales más antiguas del mundo.

- Participó en operaciones altamente secretas y notorias, muchas de las cuales permanecen clasificadas. Nota: Debido a la naturaleza altamente confidencial de las operaciones del SAS, muchas informaciones específicas pueden no estar disponibles públicamente.

Ficha Técnica: Spetsnaz (Fuerzas Especiales Rusas)

1.   **Nombre Completo:** Spetsnaz (Abreviatura de "Vysokotochnye spetsialnye razvedyvatel'nye podrazdeleniya" - Unidades de Reconocimiento de Alta Precisión)

2.   **País de Origen:** Rusia.

3.   **Fundación:** Las raíces se remontan a la época de la Unión Soviética, pero formalmente constituido en 1950.

4.   **Misión Principal:** Ejecutar operaciones especiales, incluyendo reconocimiento, sabotaje, contrasabotaje, rescate de rehenes y acciones directas en ambientes hostiles.

5.   **Lema:** "Смерть врагам" (Muerte a los Enemigos).

6.   **Selección y Entrenamiento:**

•   **Selección Rigurosa:** Proceso de selección extremadamente exigente, evaluando habilidades físicas, mentales y psicológicas.

- **Entrenamiento Intenso:** Programa de entrenamiento integral que incluye combate cuerpo a cuerpo, supervivencia, técnicas de armas y tácticas especiales.

7. **Efetivo Actual:** El número exacto es clasificado, pero se estima que hay varias miles de operadores Spetsnaz.

8. **Base de Operaciones:** Las unidades Spetsnaz están distribuidas por toda Rusia y tienen bases en diversas regiones estratégicas.

9. **Operaciones Notables:**

- Actuó en varias frentes, incluyendo la Guerra de Afganistán.

- Participación en conflictos recientes, como en Chechenia y Siria.

- Misiones altamente confidenciales.

10. **Equipamiento Típico:**

- Variedad de armas rusas, incluyendo fusiles de asalto, ametralladoras y armas de precisión.

- Equipamiento de comunicación avanzado.

- Equipamiento táctico especializado.

11. **Valores Fundamentales:**

- Lealtad: Fidelidad al país y a las misiones asignadas.

- Disciplina: Adopción de estándares elevados de comportamiento y rendimiento.

- Silencio: Mantenimiento de un perfil discreto y confidencial.

- Coraje: Enfrentar situaciones adversas con valentía.

12. **Habilidades Específicas:**

- Operaciones de sabotaje y contrasabotaje.

- Reconocimiento profundo en territorio enemigo.

- Combate en entornos urbanos.

- Entrenamiento extensivo en diversas condiciones climáticas.

13. **Media de Edad:** La franja etaria de los miembros Spetsnaz varía, generalmente entre 20 y 35 años.

14. **Curiosidades:**

- Las unidades Spetsnaz son conocidas por su enfoque robusto y resiliente.

- Mantienen una tradición de sigilo y distancia de la exposición pública. Nota: Debido a la naturaleza altamente confidencial de las operaciones Spetsnaz, muchas informaciones específicas pueden no estar disponibles públicamente.

Ficha Técnica: Fuerza Delta

(1st Special Forces Operational Detachment-Delta, Delta Force)

1. **Nombre Completo:** 1st Special Forces Operational Detachment-Delta (1st SFOD-D), más conocido como Delta Force.

2. **País de Origen:** Estados Unidos.

3. **Fundación:** Oficialmente activada en 1977, después de la fallida operación de rescate de rehenes en Irán.

4. **Ramificación Militar:** Ejército de los Estados Unidos.

5. **Misión Principal:** Ejecutar operaciones de contraterrorismo, rescate de rehenes, reconocimiento y otras operaciones especiales en ambientes hostiles.

6. **Lema:** Su Obediencia a Nuestra Misión.

7.   **Selección y Entrenamiento:**

•   **Selección Selectiva:** Proceso de selección extremadamente selectivo, que implica evaluaciones físicas, psicológicas y de habilidades.

•   **Q-Course:** Participación en cursos de entrenamiento especializados, incluyendo operaciones de combate, saltos en paracaídas, buceo y otras habilidades especializadas.

8.   **Efetivo Actual:** El número exacto es clasificado, pero se estima que hay algunas centenas de operadores Delta.

9.   **Base de Operaciones:** La base exacta es clasificada, pero se cree que la unidad está ubicada en el área de Fort Bragg, Carolina del Norte.

10. **Operaciones Notables:**

•   Participación en operaciones especiales durante la Guerra del Golfo, Afganistán e Irak.

•   Rescates de rehenes en diversas partes del mundo.

•   Participación en misiones altamente confidenciales.

11. **Equipamiento Típico:**

•   Armas de fuego avanzadas, incluyendo rifles de asalto y ametralladoras.

•   Equipamiento de comunicación especializado.

- Equipamiento táctico de alta tecnología.

12. **Valores Fundamentales:**

- Lealtad: Fidelidad a la misión y a los compañeros de equipo.

- Integridad: Mantener altos estándares éticos.

- Coraje: Enfrentar peligros con determinación.

- Innovación: Adoptar enfoques creativos para superar desafíos.

13. **Habilidades Específicas:**

- Operaciones de rescate de rehenes.

- Infiltración y exfiltración sigilosas.

- Operaciones de contrasabotaje.

- Combate en entornos urbanos.

14. **Media de Edad:** La franja etaria de los miembros de la Delta Force varía, generalmente entre 25 y 40 años.

15. **Curiosidades:**

- La Delta Force es una de las unidades de élite más secretas de las Fuerzas Armadas de EE. UU.

- La unidad está compuesta por operadores altamente entrenados de diversas especialidades militares.

• Nota: Debido a la naturaleza altamente confidencial de las operaciones de la Delta Force, muchas informaciones específicas pueden no estar disponibles públicamente.

Epílogo

"De la Élite a la Excelencia - Lecciones de Fuerzas Especiales para el Mundo Corporativo"

A lo largo de esta travesía por la élite de las fuerzas especiales, hemos explorado los entresijos de unidades extraordinarias como los Navy SEALs, los Rangers, el SAS, los Spetsnaz y la Delta Force. Estas fuerzas, forjadas en el calor de las batallas y desafíos extremos, no solo protegen a sus naciones, sino que también ofrecen un arsenal valioso de lecciones aplicables al mundo corporativo y a la gestión contemporánea.

El Poder de la Selección y el Riguroso Entrenamiento:

La fuerza de estas unidades comienza con la selección meticulosa de sus miembros, seguida de entrenamientos intensivos. Así como en la formación de equipos de alto rendimiento en las organizaciones, la identificación cuidadosa de talentos y la inversión continua en entrenamiento son fundamentales.

Liderazgo Inspirador y Motivacional:

Los líderes de estas fuerzas especiales son catalizadores de inspiración y motivación. Desde los SEALs hasta el SAS, el liderazgo efectivo es una constante. La habilidad de liderar, motivar e inspirar se convierte en una lección vital para los gestores, que deben ser faros de inspiración en sus entornos de trabajo.

Trabajo en Equipo y Cultura Coherente:

El éxito de estas unidades depende intrínsecamente del trabajo en equipo y de una cultura coherente. La cohesión, la confianza mutua y la colaboración son elementos clave que impregnan todos los aspectos de sus operaciones, enseñándonos que el éxito organizacional está arraigado en la construcción de equipos unidos.

Resiliencia y Adaptación como Activos Estratégicos:

Ante adversidades, las fuerzas especiales demuestran resiliencia y capacidad de adaptación. En el mundo de los negocios, donde los cambios son constantes, estas lecciones son inestimables. La resiliencia no solo se trata de resistir, sino también de aprender y prosperar en medio de la incertidumbre.

Toma de Decisiones Rápidas y Efectivas:

En entornos de alto riesgo, las decisiones deben tomarse rápidamente. Las fuerzas especiales nos enseñan la importancia de la claridad de pensamiento y la toma de decisiones efectivas, una habilidad vital para los gestores que enfrentan desafíos dinámicos.

Desarrollo de Talentos como Inversión Duradera:

Así como las fuerzas especiales invierten en el desarrollo constante de sus miembros, las organizaciones deben ver el desarrollo de talentos como una inversión duradera. Estrategias personalizadas, retroalimentación constructiva y educación continua son pilares para construir equipos excepcionales.

Del Combate a la Corporación - Una Transición Poderosa:

Aunque los escenarios son distintos, las lecciones son intercambiables. El viaje de las fuerzas especiales del campo de batalla a la oficina destaca que las habilidades cruciales para el éxito no tienen fronteras. La disciplina, la ética, la innovación y la pasión por el cumplimiento de la misión trascienden los entornos más desafiantes.

Misión Cumplida

Este libro es un homenaje a la dedicación, coraje y sacrificio de las fuerzas especiales. Que las lecciones aprendidas, las historias compartidas y las estrategias delineadas inspiren a los gestores a liderar con excelencia, a formar equipos de alto rendimiento y a alcanzar misiones corporativas tan grandiosas como las operaciones de estas fuerzas extraordinarias.

Así, concluimos esta jornada, recordando que la búsqueda de la excelencia es una misión continua, y el camino hacia la maestría nunca conoce fronteras. Que cada gestor pueda adoptar estas lecciones, transformando desafíos en oportunidades y dando forma a equipos que no solo enfrenten, sino que venzan. La misión está dada, que ella sea cumplida.

Glosario de Términos de Gestión

Equipos de Alto Desempeño:

- *Definición:* Grupos de individuos altamente calificados que colaboran eficientemente para alcanzar objetivos comunes.

- *Contexto:* Estos equipos son fundamentales para la obtención de resultados excepcionales en las organizaciones.

Liderazgo Inspirador:

- *Definición:* Habilidad de influir y motivar a otros, proporcionando inspiración y visión clara.

- *Contexto:* Un líder inspirador es vital para movilizar y comprometer equipos en la búsqueda de metas desafiantes.

Resiliencia Organizacional:

- *Definición:* Capacidad de una organización para adaptarse y recuperarse eficientemente ante cambios y desafíos.

- *Contexto:* La resiliencia es crucial en entornos corporativos dinámicos y en constante evolución.

Toma de Decisiones Rápidas:

• *Definición:* Habilidad de tomar decisiones efectivas en un corto período, a menudo en situaciones de presión.

• *Contexto:* Esta habilidad es esencial para gestores que enfrentan desafíos dinámicos.

Desarrollo de Talentos:

• *Definición:* Inversión continua en la identificación, mejora y promoción del potencial de los miembros del equipo.

• *Contexto:* El desarrollo de talentos es crucial para construir equipos hábiles y adaptables.

Cultura Organizacional Coherente:

• *Definición:* Conjunto de valores, creencias y prácticas compartidas que promueven cohesión y colaboración entre los miembros de la organización.

• *Contexto:* Una cultura coherente es esencial para construir equipos fuertes y alineados con los objetivos de la organización.

Innovación Empresarial:

- *Definición:* Introducción de nuevas ideas, métodos o productos que contribuyen al crecimiento y mejora de la organización.

- *Contexto:* La innovación es crucial para mantener la competitividad y la relevancia en el mercado.

Feedback Constructivo:

- *Definición:* Comunicación que proporciona evaluaciones específicas y orientación para el desarrollo personal y profesional.

- *Contexto:* El feedback constructivo es una herramienta poderosa para mejorar el rendimiento individual y del equipo.

Entrenamiento Intenso:

- *Definición:* Programas de aprendizaje rigurosos que buscan desarrollar habilidades técnicas y comportamentales.

- *Contexto:* El entrenamiento intenso es crucial para construir profesionales altamente calificados y adaptables.

Cultura de Aprendizaje Continuo:

- *Definición:* Entorno organizacional que promueve la búsqueda constante de conocimientos y mejora profesional.

- *Contexto:* Una cultura de aprendizaje continuo es esencial para la innovación y la adaptación en entornos dinámicos.

Estos términos de gestión son fundamentales para comprender las lecciones y estrategias discutidas a lo largo de este libro, proporcionando una base sólida para la implementación de las prácticas aprendidas.

Glosario de Términos Corporativos

Stakeholder:

- *Definición:* Cualquier individuo o grupo que tiene interés o es afectado por las actividades y decisiones de una organización.

- *Contexto:* Gestionar relaciones con stakeholders es crucial para el éxito y la sostenibilidad de una empresa.

Feedback:

- *Definición:* Información sobre el rendimiento de un individuo, equipo o proceso, proporcionada con el objetivo de mejora.

- *Contexto:* El feedback constructivo es esencial para el desarrollo profesional y la mejora continua.

Insights:

- *Definición:* Percepciones o comprensiones profundas derivadas del análisis e interpretación de datos o información.

- *Contexto:* Los insights son fundamentales para la toma de decisiones informadas y estrategias eficaces.

Innovación:

- *Definición:* Introducción de algo nuevo o mejorado, ya sea en productos, servicios o procesos.

- *Contexto:* La innovación es esencial para la competitividad y el crecimiento sostenible de las organizaciones.

Eficiencia Operacional:

- *Definición:* Realización de tareas y procesos de manera optimizada, maximizando la producción con los recursos disponibles.

- *Contexto:* La eficiencia operacional busca alcanzar resultados superiores con un menor consumo de recursos.

Resiliencia Empresarial:

- *Definición:* Capacidad de una organización para adaptarse, resistir y recuperarse frente a adversidades y cambios.

- *Contexto:* La resiliencia es crucial para la sostenibilidad y continuidad de los negocios en escenarios desafiantes.

Cultura Organizacional:

• *Definición:* Conjunto de valores, creencias y comportamientos compartidos dentro de una organización.

• *Contexto:* La cultura organizacional influye en la toma de decisiones, las interacciones y el entorno laboral.

Gestión de Cambios:

• *Definición:* Proceso de planificación e implementación de cambios significativos en las operaciones o estructura de una organización.

• *Contexto:* Una gestión eficaz de cambios es esencial para minimizar resistencias y garantizar transiciones suaves.

Diversidad e Inclusión:

• *Definición:* Promoción de la variedad de orígenes, características y perspectivas, con el objetivo de crear entornos más ricos e innovadores.

• *Contexto:* La diversidad e inclusión son cruciales para impulsar la creatividad y el rendimiento organizacional.

Agilidad Empresarial:

- *Definición:* Capacidad de una organización para adaptarse rápidamente a los cambios del mercado y responder de manera ágil.

- *Contexto:* La agilidad es vital en entornos de negocios dinámicos y en constante evolución.

Apéndice

Herramientas para Reflexión y Desarrollo de Liderazgo

Guía de Discusión para Grupos de Estudio

Desarrollo de Equipos:

• ¿Cómo podemos aplicar las estrategias de formación de equipos de alto rendimiento en nuestro entorno laboral?

• ¿Cuáles son los desafíos comunes en la construcción de equipos y cómo podemos superarlos?

Liderazgo Inspirador:

• ¿Cuáles son las características de un líder inspirador? ¿Podemos identificar esas características en líderes conocidos?

• ¿Cómo podemos inspirar y motivar a nuestro equipo en el día a día?

Resiliencia y Adaptación:

• ¿Cómo nuestra organización maneja los cambios y las adversidades? ¿Existen áreas donde podemos mejorar?

- ¿Qué estrategias podemos adoptar para promover una cultura de resiliencia en nuestro equipo?

Toma de Decisiones Rápidas:

- ¿Cuál es el proceso de toma de decisiones en nuestra organización? ¿Es ágil y eficiente?

- ¿Cómo podemos mejorar la capacidad de tomar decisiones rápidas y efectivas?

Desarrollo de Talentos:

- ¿Cómo identificamos el potencial de liderazgo en nuestro equipo?

- ¿Qué programas de desarrollo de talentos pueden implementarse en nuestra organización?

Cultura Organizacional:

- ¿Cuál es la cultura predominante en nuestra organización? ¿Está alineada con nuestros valores?

- ¿Qué iniciativas pueden fortalecer la cultura cohesiva y colaborativa en nuestro equipo?

Preguntas para Reflexión Personal y Desarrollo de Liderazgo

Autoconocimiento:

• ¿Cuáles son mis principales fortalezas como líder? ¿Y en qué áreas necesito desarrollo?

• ¿Cómo impacta mi liderazgo en la cultura del equipo?

Metas y Visión Personal:

• ¿Cuáles son mis objetivos a largo plazo como líder? ¿Cómo puedo trabajar para alcanzarlos?

• ¿Cómo se alinea mi visión personal con los objetivos de la organización?

Comunicación y Feedback:

• ¿Cómo puedo mejorar mi habilidad de comunicación con el equipo?

• ¿Estoy abierto(a) al feedback constructivo? ¿Cómo puedo fomentar una cultura de feedback en el equipo?

Toma de Decisiones:

• ¿Cómo manejo situaciones de presión al tomar decisiones?

• ¿Cuáles son mis puntos fuertes en la toma de decisiones y en qué áreas puedo mejorar?

Desarrollo de la Equipo:

• ¿Cómo promuevo el desarrollo individual de cada miembro del equipo?

• ¿Qué medidas puedo tomar para fortalecer el espíritu de equipo?

Resiliencia y Adaptación:

• ¿Cómo reacciono ante cambios y desafíos? ¿Qué puedo hacer para mejorar mi resiliencia?

• ¿Estoy abierto(a) a adaptar mi enfoque de liderazgo según sea necesario?

Utilice estas herramientas de reflexión como valiosas guías en su desarrollo continuo como líder. Recuerde que la reflexión personal y el diálogo abierto son fundamentales para el crecimiento individual y colectivo.

"What starts here changes the world."

1. Start each day with a task completed.

2. Find someone to help you through life.

3. Respect everyone.

4. Know that life is not fair.

5. You WILL fail often.

6. Take some risks.

7. Step up when times are toughest.

8. Face down the bullies.

9. Lift up the downtrodden

10. Never, ever give up.